한글
NEO 기초

이 책의 구성

학습 포인트 🖋

이번 장에서 학습할 핵심 내용을 소개합니다.

준비파일 / 완성파일 🖋

본문에서 실습하는 파일명입니다. 시대인 게시판에서 다운로드받아 사용하세요.

미리보기 🖋

학습 결과물을 미리 살펴봅니다.

🖋 **예제 따라 하기**

실생활에서 활용할 수 있는 예제를 순서대로 따라 할 수 있도록 구성하여 누구나 쉽게 이해하고 기능을 습득할 수 있습니다.

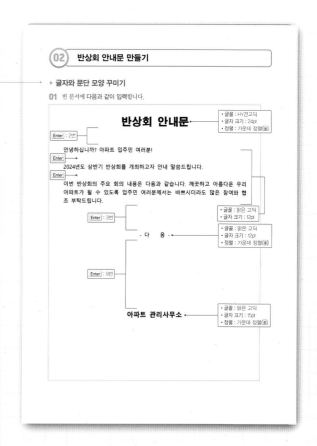

잠깐 🖋

본문에서 다루지 못한 내용이나 알아두면
유용한 내용을 설명합니다.

🖋 응용력 키우기

응용문제를 통해 본문에서 학습한 내용을
정리하고 복습합니다.

🖋 힌트

응용문제를 푸는데 필요한 정보 또는 방법을
안내합니다.

참고

한글 NEO 프로그램은 업데이트 버전
이 제공되고 있습니다. 설치 버전에
따라 일부 표현이나 기능이 교재와
다를 수 있습니다.

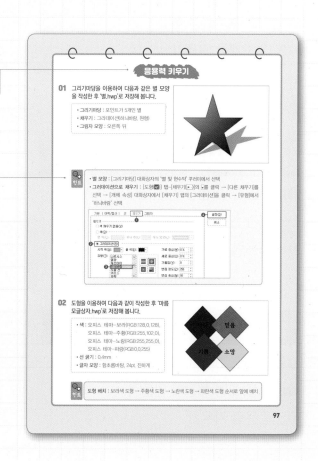

이 책의 목차

예제파일 다운로드

1 시대인 홈페이지(www.sdedu.co.kr/book)에 접속한 후 로그인합니다.
※ '시대' 회원이 아닌 경우 [회원가입]을 클릭하여 가입한 후 로그인을 합니다.

2 홈페이지 위쪽의 메뉴에서 [프로그램]을 선택합니다.

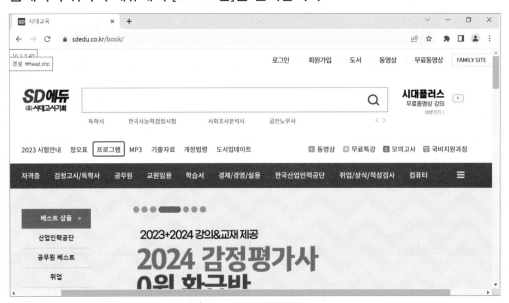

※ 홈페이지의 리뉴얼에 따라 위치나 텍스트 표현이 변경될 수도 있습니다.

3 프로그램 자료실 화면이 나타나면 책 제목을 검색합니다. 검색된 결과 목록에서 해당 도서의 자료를 찾아 제목을 클릭합니다.

○ 프로그램자료실   H > 자료실 > 프로그램자료실

실기, 실무 프로그램 자료실
실기, 실무에 필요한 프로그램을 제공해 드립니다.

| 제목 ▼ | 있다 한글 기초 | 🔍 |

전체 (1)   전체목록 글쓰기

「할 수 있다!」한글 NEO 기초 N
발행일 : 2023-12-01   작성일 : 2023-11-10   ⬇ 다운로드

전체목록 글쓰기

해당 페이지가 열리면 파일명을 클릭합니다. 파일이 다운로드 되면 파일을 저장한 폴더로 이동합니다.

[할 수 있다!] 한글 NEO 기초

발행일 : 2023-12-01   작성일 : 2023-11-10

첨부파일   🗀 할수있다_한글NEO기초-예제파일.zip

⬇ 다운로드

도서 '[할 수 있다!] 한글 NEO 기초'의 예제 파일입니다.

예제 파일을 다운로드받은 후 압축을 풀어 학습하세요.
(본 교재의 학습용으로만 사용하세요.)

목록

압축 해제 프로그램으로 '할수있다_한글NEO기초-예제파일.zip' 파일을 해제하면 교재의 준비파일과 완성파일이 폴더별로 제공됩니다.

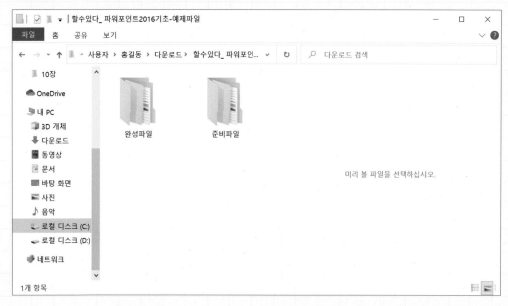

01 한글 NEO와 친해지기

- 한글 NEO
- 한글 NEO의 실행 및 종료
- 한글 NEO의 화면 구성
- 환경 설정
- 도구 상자
- 한컴 타자 연습

미/리/보/기

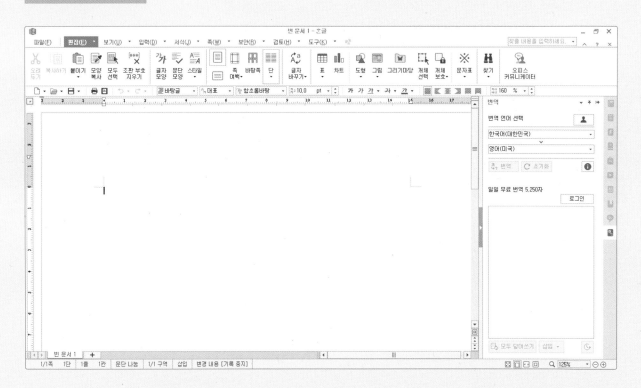

한글 NEO는 (주)한글과컴퓨터에서 만든 문서 제작용 워드프로세서 프로그램입니다. 관공서나 학교에서 많이 사용하는 프로그램으로 국산 소프트웨어입니다. 이번 장에서는 한글의 기본 화면 구성과 환경 설정 방법을 알아보겠습니다. 더불어 한컴 타자 연습 프로그램을 통해 키보드를 익혀보겠습니다.

01 한글, 너란 존재는?

▶ 한글 NEO(2016)

한글 NEO(2016)는 ㈜한글과컴퓨터에서 개발한 워드프로세서 프로그램입니다. 초창기에는 '아래아한글'이라는 이름으로 불렸고, 시장 점유율이 90%에 달했으나 지금은 주로 공기업과 학교에서 사용하고 있습니다.

한글 NEO는 개선된 사용자 인터페이스와 강력해진 편집 기능을 통해 보다 간편하고 신속하게 문서 편집 작업을 수행할 수 있습니다. 세련된 프레임이 적용되었지만 기본적인 사용 방법은 이전 버전을 따르고 있기 때문에 한글 프로그램을 사용해 온 기존 사용자들은 새로워진 한글 NEO를 손쉽게 사용할 수 있습니다.

새롭게 추가된 오피스 커뮤니케이터는 여러 사람이 실시간으로 문서의 내용을 확인하고 편집할 수 있는 실시간 협업 환경을 만들어 줍니다. 또한 단어를 입력하는 동시에 단어의 뜻을 실시간으로 검색할 수 있으며 여러 장으로 구성된 문서를 책처럼 펼쳐지도록 인쇄할 수도 있습니다.

▶ 한글 NEO 화면 구성 알아보기

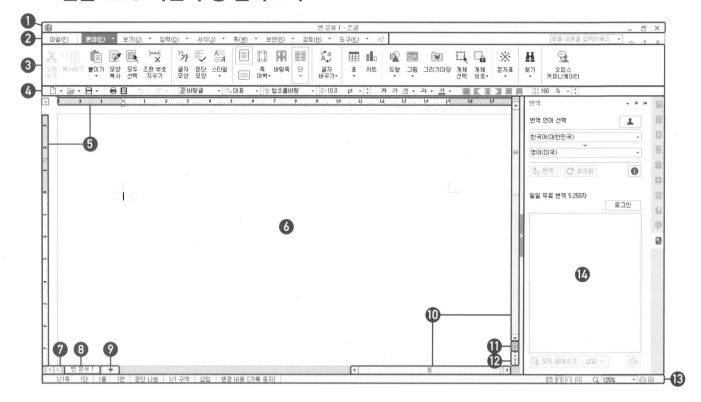

❶ **제목 표시줄** : 현재 작업 중인 한글 문서의 파일명이 표시됩니다. 기본적으로 '빈 문서 1' 이 표시됩니다. 오른쪽에는 최소화, 최대화, 닫기 버튼이 있습니다. 저장 시 파일의 확장자와 저장 경로가 표시됩니다.

❷ **메뉴** : 한글에서 사용하는 비슷한 기능을 묶어 제공합니다. 메뉴 이름 부분을 클릭하면 탭별로 열림 상자가 나타납니다. ▾를 클릭하면 펼침 메뉴가 나타납니다.

❸ **기본 도구 상자** : 각 메뉴에서 자주 사용하는 기능을 그룹별로 묶어서 제공합니다. '열림 상자'라고도 합니다.

❹ **서식 도구 상자** : 문서 편집 시 자주 사용하는 기능을 모아 아이콘으로 묶어서 제공합니다.

❺ **가로/세로 눈금자** : 개체의 가로/세로 위치나 너비/높이를 파악하기 위해 사용합니다.

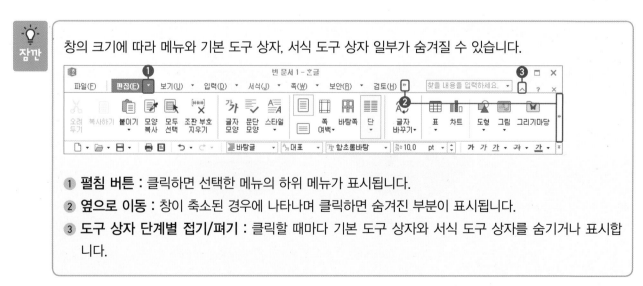

창의 크기에 따라 메뉴와 기본 도구 상자, 서식 도구 상자 일부가 숨겨질 수 있습니다.

① **펼침 버튼** : 클릭하면 선택한 메뉴의 하위 메뉴가 표시됩니다.
② **옆으로 이동** : 창이 축소된 경우에 나타나며 클릭하면 숨겨진 부분이 표시됩니다.
③ **도구 상자 단계별 접기/펴기** : 클릭할 때마다 기본 도구 상자와 서식 도구 상자를 숨기거나 표시합니다.

❻ 편집 창 : 글자나 그림과 같은 내용을 입력하는 문서 작성 공간입니다.

❼ 탭 이동 아이콘 : 여러 개의 문서 탭이 열려 있을 때 이전 또는 다음 탭으로 이동합니다.

❽ 문서 탭 : 작성 중인 문서와 파일명을 표시합니다.

❾ 새 탭 : 문서에 새 탭을 추가합니다.

❿ 가로/세로 이동 막대 : 화면을 가로 또는 세로로 이동하기 위해 사용합니다.

⓫ 보기 선택 아이콘 : 쪽 윤곽, 문단 부호 등 보기 관련 기능을 선택합니다.

⓬ 쪽 이동 아이콘 : 작성 중인 문서가 여러 쪽일 때 쪽 단위로 이동하기 위해 사용합니다.

⓭ 상황 선 : 편집 창의 상태 및 커서가 있는 곳에 대한 정보 등을 보여 줍니다.

⓮ 작업 창 : 효율적인 문서 작업을 수행하기 위해 사용합니다.

작업 창

작업 창을 활용하면 문서 편집 시간을 줄이고 작업 속도를 높이는 등 효율적인 문서 작업을 할 수 있습니다. 화면 오른쪽에 아이콘을 클릭하여 빠르게 작업할 수 있으며 10개의 작업 창을 제공합니다. [작업 창 접기/펴기(▶)] 버튼을 클릭하여 작업 창을 표시하거나 숨길 수 있습니다.

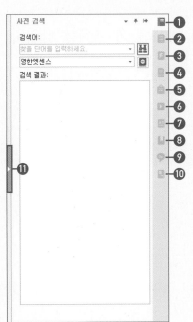

① **사전 검색** : 문서 편집 과정에서 한글에서 제공하는 사전을 이용하여 단어를 검색합니다.

② **개요 보기** : 문서에 사용된 모든 개요를 한눈에 보여 줍니다.

③ **빠른 실행** : 한글을 실행한 후 사용한 기능을 자동으로 기록합니다. 사용했던 기능을 다시 실행하려면 클릭합니다.

④ **쪽 모양 보기** : 불러온 문서 전체를 한 쪽씩 쪽 단위로 작업 창에 미리 보여 줍니다.

⑤ **클립보드** : 복사하거나 오려 두기 한 내용을 최대 16개까지 기억해서 보여 줍니다. 클립보드 내용을 클릭하면 커서 위치에 붙여넣습니다.

⑥ **스크립트** : 직접 스크립트를 입력하거나 이미 입력된 스크립트를 편집할 때 사용합니다.

⑦ **스타일** : [스타일 목록]을 미리 보기 형식으로 보여 주고 현재 커서 위치의 문단에 스타일을 적용합니다. [스타일 편집], [스타일 지우기]를 수행하거나 스타일 목록의 순서를 조정할 수 있으며 [스타일마당]을 실행할 수도 있습니다.

⑧ **책갈피** : 본문에 책갈피 표시를 하거나 현재 커서의 위치와 상관없이 책갈피 표시를 해 둔 곳으로 커서를 곧바로 이동할 수 있습니다.

⑨ **오피스 커뮤니케이터** : 현재 문서를 다른 사용자들과 공유합니다. 문서를 공유하거나 다른 사용자와 대화를 나누면서 문서를 편집합니다.

⑩ **번역** : 문서 또는 문서에 포함된 내용의 일부를 사용자가 원하는 언어로 즉시 번역합니다.

⑪ **[작업 창 접기/펴기] 버튼** : 작업 창을 접거나 폅니다.

▶ 메뉴 살펴보기

메뉴는 [파일] 메뉴와 메뉴 탭, 개체 탭, 상황 탭으로 구성됩니다.

- **[파일] 메뉴** : 별도의 도구 상자를 제공하지 않으며 클릭하면 바로 하위 메뉴가 표시됩니다.

- **메뉴 탭** : [편집], [보기], [입력], [서식], [쪽], [보안], [검토], [도구]로 구성되며 탭 형식으로 제공됩니다. 글자 부분을 클릭하면 해당 메뉴의 열림 상자가 나타나며 ▾를 클릭하면 펼침 메뉴가 나타납니다.

- **개체 탭** : 도형, 그림, 표, 차트, 글맵시, 메모, 양식 개체 등의 개체를 삽입하거나 선택하는 경우 해당 개체에 대한 개체 탭과 열림 상자가 나타납니다.

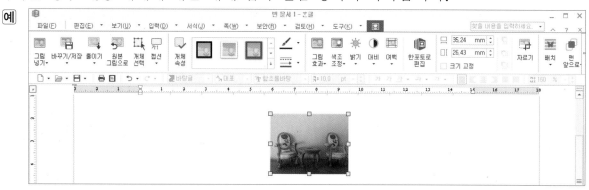

- **상황 탭** : 미리 보기, 버전 비교, 주석, 머리말/꼬리말, 바탕쪽 등을 선택한 경우 상황 탭과 열림 상자가 나타납니다.

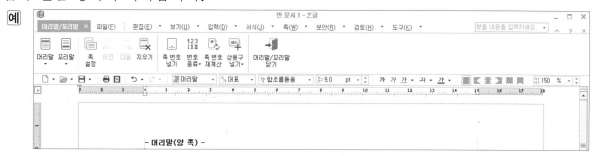

▶ 키보드 구성 익히기

기본적으로 알아두어야 할 키와 기능을 소개합니다.

❶ Esc (이에스씨) : 작업을 취소하거나 이전 단계로 복귀합니다.

❷ Tab (탭) : 정해진 위치만큼 커서를 이동합니다.

❸ Caps Lock (캡스 락) : 영문 대/소문자를 선택(키보드 오른쪽 숫자 키패드 위의 'Caps Lock'에 불이 들어오면 영문 대문자로 입력됨)합니다.

❹ Shift (시프트) : 키보드의 윗글쇠 (예 !, @, #, {, ㄲ, ㄸ, ㅉ, ㅃ, }) 등을 입력할 때 사용하거나 영문 대/소문자를 반전합니다.

❺ Ctrl (컨트롤)/ Alt (알트) : 다른 키와 함께 사용하는 조합 키(예 Ctrl + C = 복사, Alt + X = 종료)입니다.

❻ 한자 : 한글을 한자로 변환합니다.

❼ Space Bar (스페이스 바) : 빈칸을 삽입합니다.

❽ 한/영 : 한 번 누를 때마다 한글/영어를 전환합니다.

❾ Enter (엔터) : 줄을 바꾸거나 명령을 실행합니다.

❿ Backspace (백 스페이스) : 커서 앞(왼쪽)의 글자를 지웁니다.

⓫ Insert (인서트) : 입력 상태를 삽입/수정 상태로 변경합니다.

⓬ Delete (딜리트) : 커서 뒤(오른쪽)의 글자를 지울 때 사용합니다.

⓭ Num Lock (넘 락) : 숫자 키패드의 사용 여부를 선택합니다.

⓮ 숫자 키패드 : 키보드 오른쪽 숫자 키패드 위에 'Num Lock'에 불이 들어오면 숫자를 입력할 수 있고 불이 꺼져 있으면 방향키로 사용합니다.

▶ 한글 NEO 시작하고 종료하기

01 [시작(⊞)]–[한글]을 선택합니다.

바탕 화면에 등록된 '한글(📘)' 바로 가기 아이콘이 있다면 더블 클릭하여 실행합니다.

잠깐

[시작(⊞)] 버튼을 활용하여 한글 NEO 실행하기

[시작(⊞)] 버튼을 클릭하면 특수 문자, 알파벳, 한글 순으로 앱이 정리되어 나타납니다. 각 머릿글자를 클릭하면 머릿글자로 시작하는 이름을 가진 앱들을 모아놓은 목록이 나타납니다. 한글 NEO를 시작하려면 '한글'의 머릿글자 'ㅎ'을 클릭하고 [한글]을 선택합니다.

02 한글 NEO 프로그램이 실행됩니다. 한글 NEO 프로그램을 종료하려면 창 오른쪽의
[닫기(✕)] 버튼을 클릭합니다.

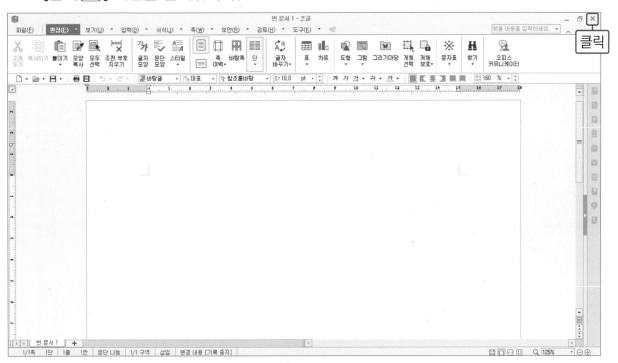

작업 창 접기/펴기

[작업 창 접기/펴기] 버튼을 클릭하면 보여지는 작업 창의 모습이 달라집니다.

확장된 작업 창 축소

클릭 시 작업 창이 확장되어 표시

작업 창 접기

작업 창 펴기

▶ 환경 설정하기

01 [도구] 탭–[환경 설정]을 클릭합니다.

 잠깐

명령 실행의 다양한 방법
[도구] 탭의 ▾를 클릭한 후 [환경 설정]을 선택해도 됩니다.

02 [환경 설정] 대화상자가 나타나면 [파일] 탭을 클릭한 후 [무조건 자동 저장]과 [쉴 때 자동 저장]의 시간을 설정하고 [설정] 버튼을 클릭합니다.

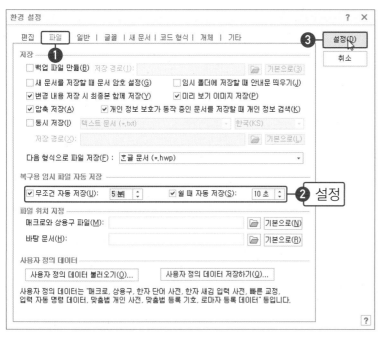

 잠깐

자동 저장 시간을 설정하는 이유
문서를 작성하다가 의도치 않게 종료될 경우 다시 한글을 실행하면 임시로 자동 저장된 문서를 불러와서 작업할 수 있도록 자동 저장을 설정해야 합니다. 설정에 따라 자동 저장 주기가 다르기 때문에 지정된 시간 이전에 종료되었다면 저장하지 못한 분량이 있을 수도 있습니다.

▶ 한컴 타자연습 실행하고 사용자 등록하기

01 [시작(⊞)]-[한글과컴퓨터]-[한컴 타자연습]을 선택합니다.

 한컴 타자연습을 인터넷에서 사용하기

한컴 타자연습이 설치되어 있지 않다면 (주)한글과컴퓨터에서 제공하는 '한컴타자(www.hancomtaja. com)'에서 한컴 타자연습을 시작할 수 있습니다.

02 사용자 등록을 하기 위해서 [등록] 버튼을 클릭합니다.

 타자 연습 기록을 남기기 위해 사용자를 등록해 두면 연습 기록을 이어서 할 수 있고 목표 타자와 정확도를 설정하여 타자 연습을 할 수 있습니다. 사용자 등록을 하지 않고 '사용자 1'로 시작해도 됩니다. 그러나, 여러 사람이 함께 사용하는 공유 PC를 사용할 경우에는 사용자를 등록하는 것이 좋습니다.

03 [정보 등록] 창이 나타나면 [얼굴]의 화살표를 클릭해서 캐릭터 얼굴을 설정하고 이름을 입력한 후 [목표 타수]와 [목표 정확도]를 설정하고 [확인] 버튼을 클릭합니다.

▶ 자리 연습하기

01 등록한 사용자를 선택하고 [시작] 버튼을 클릭합니다.

02 [자리연습]은 글자판의 위치를 익히는 곳으로 단계별로 연습할 수 있습니다. [1] 단계인
것을 확인한 후 [시작] 버튼을 클릭합니다.

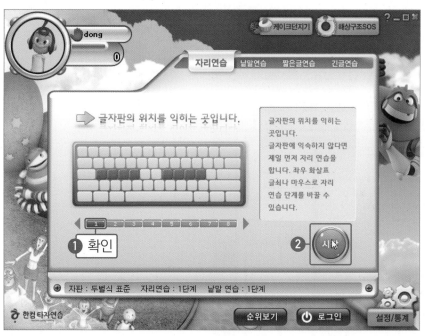

 자리 연습은 1~8단계까지 있으며 단계에 따라 다른 글자판 위치에서 자리 연습을 할 수 있습니다. 처음
연습할 때는 속도보다 정확하게 자리에 맞게 글자를 입력하는 것이 중요합니다.

03 화면의 키보드에 손 가이드가 보이면 사용자도 실제 키보드에서 같은 자리에 손을 위치시
킵니다. 여기서 제시된 글쇠 'ㄹ'에 알맞은 손가락의 위치를 주황색으로 알려 줍니다. 실
제 키보드에서 같은 위치의 키를 누릅니다.

> 💡 **잠깐**
>
> **오타수**
> 제시된 글쇠를 잘못 누
> 르면 오타수가 늘어납니
> 다. 정확하게 눌러야 다
> 음 글쇠로 넘어갑니다.

04 1단계에서 제시된 글쇠를 모두 완성하면 [자리 연습 결과] 창이 표시됩니다. 총타수, 오타
수, 정확도, 연습시간을 확인한 후 [그만] 버튼을 클릭하여 1단계를 종료합니다. 다음 단
계를 연습하려면 [계속] 버튼을 클릭합니다.

 💡 **잠깐**

[자리 연습]이 끝난 후 [자리 연습 결과] 창의 정확도가 [목표 정확도]보다 낮다면 [계속] 버튼을 클릭하
여도 같은 단계를 연습합니다.

▶ 낱말 연습하기

01 자리 연습을 통해 어느 정도 글자판의 위치를 파악하였으면 위쪽의 [낱말연습]을 클릭합니다. [1] 단계인 것을 확인하고 [시작] 버튼을 클릭합니다.

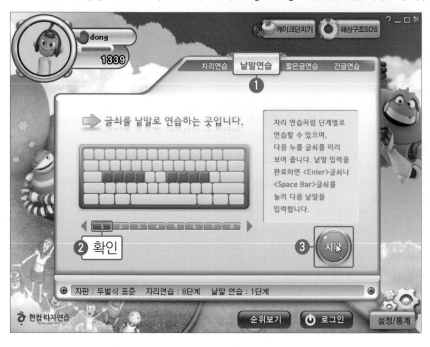

02 [낱말연습]에서도 화면의 키보드에 손 가이드가 보입니다. 제시된 낱말을 입력하기 위해 화면에 표시된 위치와 같은 실제 키보드의 키를 누릅니다. 다음 낱말을 입력하려면 Space Bar 키나 Enter 키를 누릅니다.

 입력한 글자가 틀렸을 경우 Backspace 키를 눌러서 틀린 글자를 지운 후 다시 입력합니다.

03 제시된 낱말을 모두 입력하면 [낱말 연습 결과] 창에서 오타수와 정확도, 연습시간을 확인할 수 있습니다. [그만] 버튼을 클릭합니다.

▶ 짧은 글과 긴 글 연습하기

01 [짧은글연습]을 클릭한 후 [시작] 버튼을 클릭합니다. 제시된 문장을 입력합니다. 각 낱말 사이의 빈칸은 Space Bar 키를 누르고 문장이 끝나면 Enter 키를 눌러 다음 문장을 입력합니다.

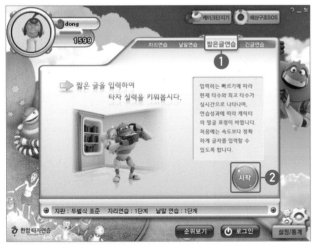
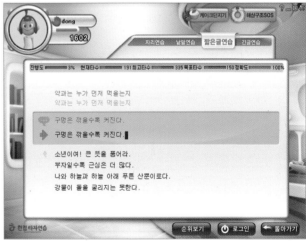

02 [긴글연습]을 클릭합니다. [긴글 선택] 목록에서 연습할 글을 선택한 후 [시작] 버튼을 클릭합니다. [타자검정]을 클릭하여 연습할 수도 있습니다.

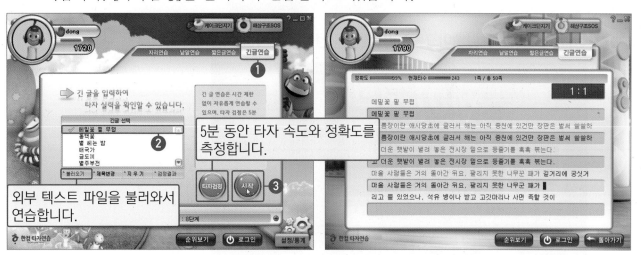

영문 연습하기

사용자 홈 화면의 오른쪽 아래의 [설정/통계] 버튼을 클릭하면 사용자의 평균타수, 목표타수, 정확도 등 연습 기록의 통계 자료를 확인할 수 있습니다. [글자판 선택]의 '한글'을 클릭하여 '영어'로 변경하면 영문 타자도 연습할 수 있습니다.

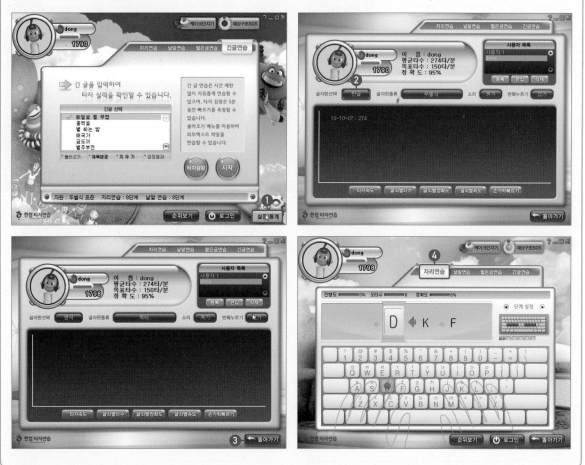

01 한글 타자연습에서 [케이크던지기] 게임을 선택하여 게임을 진행해 봅니다.

02 한글 NEO를 실행한 후 다음 문장을 입력해 봅니다.

> 꿈이란 분명 어렵고 혼란스러우며 그 안에 있는 모든 것이 인간에게 효과가 있지는 않다. 왜냐하면 흘러가는 꿈에는 뿔로 만든 문과 상아로 만든 문이 있어, 상아를 잘라 만든 문을 통과한 자는 기만적이며 무가치한 소식을 전하는 반면, 갈고 닦은 뿔로 만든 문으로 나온 자는 보통 사람에게 진정한 결과를 전해 준다.

02 초대장 만들기

- 문서마당
- 저장하기
- 문서 불러오기

- 다른 이름으로 저장하기
- 편집 용지 설정
- 인쇄

미 / 리 / 보 / 기

완성파일 : 초대장.hwp, 환갑초대장.hwp

한글을 처음 사용하는 사람도 문서마당을 활용하면 몇 글자만 입력해도 손쉽게 멋진 문서

를 만들 수 있습니다. 이번 장에서는 문서마당을 통해 문서를 만들거나 저장 및 저장한 문

서를 불러오고, 미리 보기에서 확인한 후 인쇄하는 방법까지 알아보겠습니다.

01 문서마당 서식 파일 사용하기

▶ 문서마당

문서마당에서는 다양한 서식 파일을 제공합니다. 따라서 한글을 처음 사용하는 사용자라도 문서마당을 이용하면 멋진 문서를 쉽고 빠르게 만들 수 있습니다.

기능 실습 간단하게 '가훈' 문서 만들기

문서마당에서 '가훈' 서식 파일을 불러온 후 가훈을 작성해 봅니다.

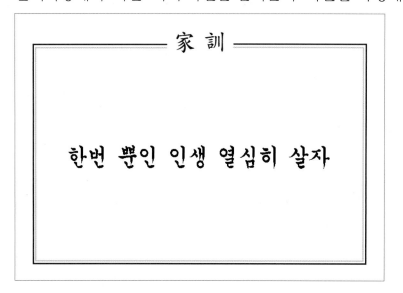

① 한글을 실행합니다. 서식 도구 상자에서 [새 문서(□ ▾)]의 ▾를 클릭하여 [문서마당]을 선택합니다.

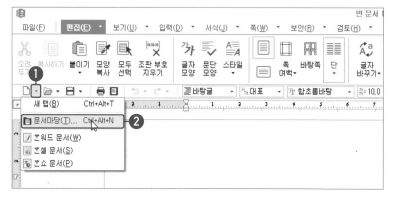

② [문서마당] 대화상자가 나타나면 [문서마당 꾸러미] 탭의 왼쪽에서 '가정 문서'를 클릭합니다. [서식 파일] 목록에서 '가훈 1'을 선택한 후 [열기] 버튼을 클릭합니다.

③ 디자인과 편집 용지가 설정된 '가훈 1' 문서가 열립니다. 빨간색 글자 부분을 클릭합니다.

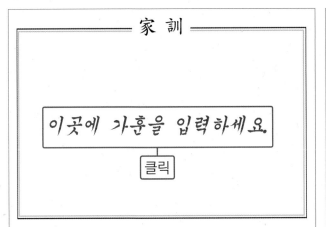
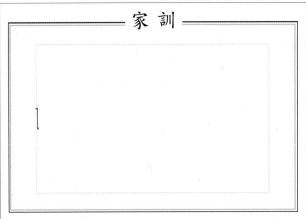

④ 다음과 같이 가훈을 입력하면 가
훈 문서가 손쉽게 완성됩니다.

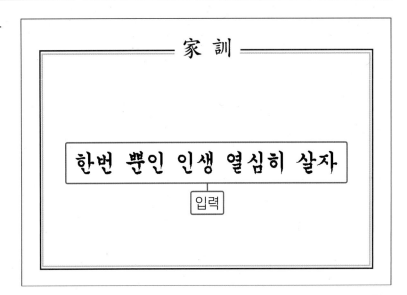

▶ [편집 용지] 대화상자 살펴보기

[쪽] 탭-[편집 용지(📄)]를 클릭하면 [편집 용지] 대화상자가 나타납니다.

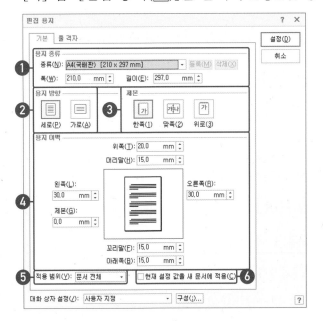

❶ **용지 종류** : 문서를 편집할 종이의 크기를 설정합니다.

❷ **용지 방향** : 편집 용지를 세로로 쓸 것인지 가로로 쓸 것인지를 설정합니다.

❸ **제본** : 문서를 홀수 쪽과 짝수 쪽 구별 없이 한 쪽으로만 편집할 것인지, 홀수 쪽과 짝수 쪽을 구별하는 맞쪽 보기로 편집할 것인지, 위로 넘기기로 편집할 것인지를 정합니다.

❹ **용지 여백** : 편집 용지의 상하/좌우 여백을 설정합니다.

❺ **적용 범위** : 현재 편집 문서의 구역 수, 커서 위치, 블록 설정 상태 등에 따라 설정할 수 있는 범위를 제시합니다. 보통의 경우 '문서 전체', '새 구역으로' 중에서 선택할 수 있습니다. 현재 문서가 2개 이상의 구역으로 나뉘어 있으면 '현재 구역'을 선택할 수 있습니다.

  • **문서 전체** : 현재 문서가 2개 이상의 구역으로 나뉘어 있어도 문서 전체에 대하여 구역 속성을 똑같이 적용합니다.

  • **새 구역으로** : 현재 커서 위치에서 쪽을 나누어 새로운 구역을 만든 후 속성을 적용합니다.

❻ **현재 설정 값을 새 문서에 적용** : 현재 설정한 값을 새로 만드는 모든 빈 문서에 적용합니다.

▶ [미리 보기] 탭 살펴보기

[파일] 메뉴 또는 서식 도구 상자에서 [미리 보기(☰)]를 클릭하면 [미리 보기] 탭이 나타납니다.

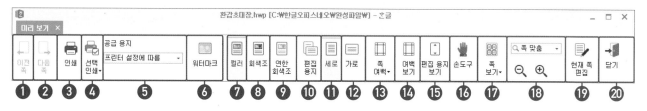

❶ **이전 쪽** : 이전 쪽으로 이동합니다.

❷ **다음 쪽** : 다음 쪽으로 이동합니다.

❸ **인쇄** : [인쇄] 대화상자에서 여러 가지 선택 사항을 지정하여 프린터로 인쇄합니다.

❹ **선택 인쇄** : 인쇄할 때 필요한 각종 선택 사항을 지정하여 사용자의 필요에 맞게 문서를 인쇄합니다.

❺ **공급 용지** : 실제 인쇄를 위하여 프린터에 공급할 종이의 종류를 지정합니다.

❻ **워터마크** : 인쇄할 때만 문서에 나타나도록 그림 워터마크 및 글자 워터마크를 설정합니다.

❼ **컬러** : 미리 보기 화면과 인쇄물을 원본 색상 그대로 인쇄합니다.

❽ **회색조** : 미리 보기 화면과 인쇄물을 회색조로 인쇄합니다.

❾ **연한 회색조** : 미리 보기 화면과 인쇄물을 연한 회색조로 인쇄합니다.

⑩ 편집 용지 : [편집 용지] 대화상자를 불러와 편집 용지의 크기와 용지 방향 등을 설정합니다.

⑪ 세로 : 편집 용지 방향을 세로로 설정합니다.

⑫ 가로 : 편집 용지 방향을 가로로 설정합니다.

⑬ 쪽 여백 : 편집 용지의 쪽 여백 크기를 선택하여 설정합니다.

⑭ 여백 보기 : [편집 용지] 대화상자에서 지정한 용지 여백이 빨간색 점선으로 표시됩니다.

⑮ 편집 용지 보기 : [편집 용지] 대화상자에서 지정한 용지 종류의 크기를 초록색 선으로 표시합니다.

⑯ 손 도구 : 확대 비율을 높이다 보면 화면이 커져서 내용이 보이지 않을 때 [손 도구]를 눌러 현재 창에서 보이지 않는 영역으로 이동할 수 있습니다.

⑰ 쪽 보기 : 쪽 맞춤, 맞쪽, 여러 쪽 중 원하는 쪽 보기 방식을 설정합니다.

⑱ 화면 확대 및 축소 : [여러 쪽, 맞쪽, 쪽 맞춤, 폭 맞춤, 100%, 125%, 150%, 200%, 300%, 500%] 중에서 선택하거나 축소나 확대 돋보기를 선택하여 화면을 축소, 확대할 수 있습니다.

⑲ 현재 쪽 편집 : 미리 보기 상태에서 파란색 테두리로 표시되어 있던 현재 선택된 쪽의 첫 줄로 돌아갑니다.

⑳ 닫기 : 미리 보기를 끝내고 본문 편집 상태로 되돌아갑니다.

▶ 사용할 도구 알아보기

	도구	설명
🗋	새 문서	새로운 문서를 만듭니다.
🗁	불러오기	이미 만들어져 있는 파일의 내용을 보거나 편집, 인쇄를 하기 위해 불러옵니다.
🖫	저장하기	현재 화면에서 편집하고 있는 문서를 저장합니다.
🖶	인쇄	현재 편집 화면에 있는 문서를 프린터로 인쇄합니다.

환갑 잔치 초대장 만들기

▶ 문서마당으로 초대장 만들기

01 한글을 실행한 후 서식 도구 상자에서 [새 문서(📄▾)]의 ▾를 클릭한 후 [문서마당]을 선택합니다.

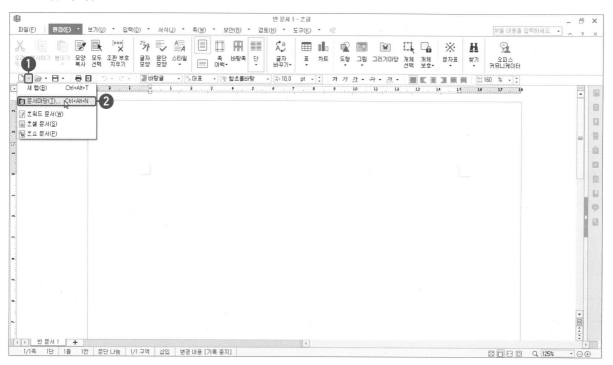

02 [문서마당] 대화상자가 나타나면 [서식 파일 찾기] 탭을 클릭한 후 [찾을 서식 파일]에 '초대장'이라고 입력하고 [찾기] 버튼을 클릭합니다. 검색된 초대장 중 '회갑연 초대장 2'를 선택한 후 [미리 보기]에서 불러올 파일을 확인하고 [열기] 버튼을 클릭합니다.

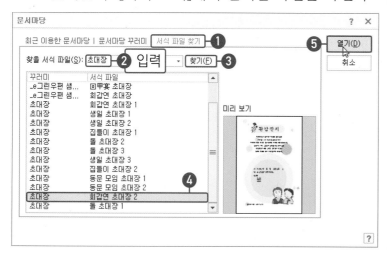

03 초대장 서식 파일이 열리면 빨간색의 누름틀을 클릭한 후 '홍길동'이라 입력합니다.

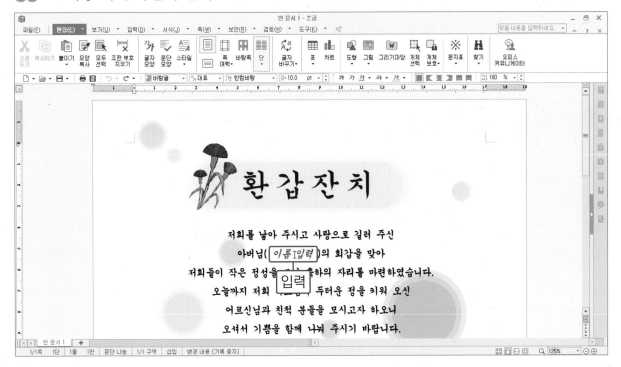

04 오른쪽의 세로 이동 막대를 화면 아래쪽으로 드래그하여 이동한 후 일시, 장소, 교통편, 알리는 사람을 입력합니다.

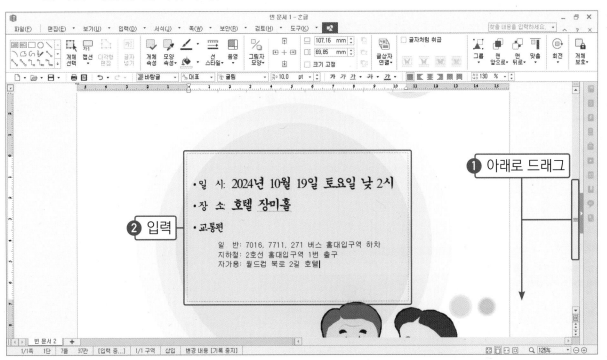

▶ 저장하기

01 문서를 저장하기 위해 서식 도구 상자에서 [저장하기(🖫)]를 클릭합니다.

02 [다른 이름으로 저장하기] 대화상자가 나타나면 저장할 위치를 지정한 후 [파일 이름]에 '초대장'이라고 입력하고 [저장] 버튼을 클릭합니다.

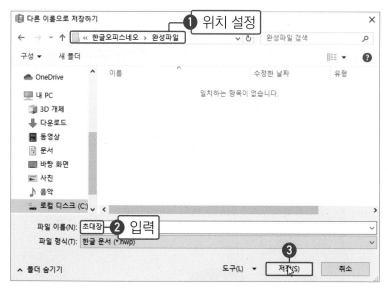

 잠깐

[저장하기] 바로 가기 키
[저장하기]의 바로 가기 키는 Alt + S 입니다. 작업 시 수시로 저장합니다.

03 저장이 완료되면 화면 상단의 제목에 '초대장.hwp'와 저장 경로가 표시됩니다. [닫기(❌)] 버튼을 클릭하여 한글 프로그램을 종료합니다.

▶ 불러오기와 다른 이름으로 저장하기

01 한글을 실행한 후 문서를 불러오기 위해 서식 도구 상자에서 [불러오기(📂)]를 클릭합니다.

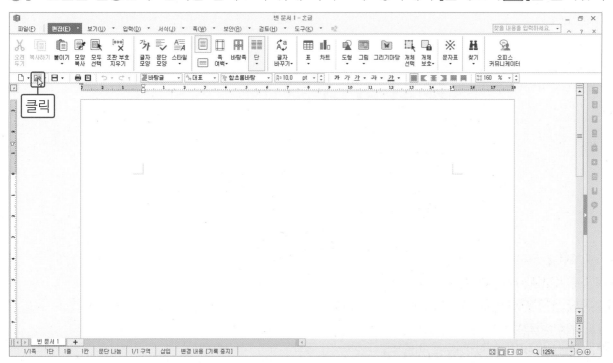

02 문서가 저장된 폴더위치로 이동하여 '초대장.hwp'를 선택한 후 [열기] 버튼을 클릭합니다.

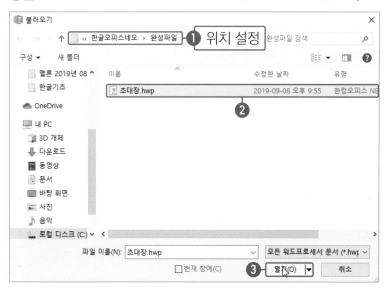

03 문서가 열리면 '홍길동'을 지우고 사용자 자신의 *본인이름*을 입력한 후 일시, 장소, 교통 편도 지우고 새롭게 입력합니다. 다른 이름으로 문서를 저장하기 위해 서식 도구 상자에서 [저장하기(🖫 ▾)]의 ▾를 클릭한 후 [다른 이름으로 저장하기]를 선택합니다.

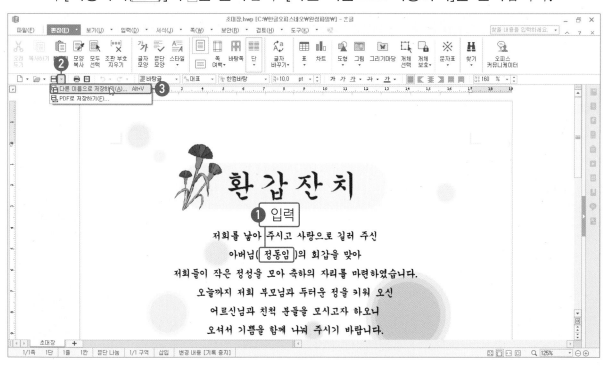

 잠깐

[다른 이름으로 저장하기] 바로 가기 키

Alt + V 키를 누르면 [다른 이름으로 저장하기] 대화상자가 나타납니다.

04 [다른 이름으로 저장하기] 대화상자가 나타나면 저장할 위치를 지정한 후 [파일 이름]에 '환갑초대장'이라고 입력하고 [저장] 버튼을 클릭합니다.

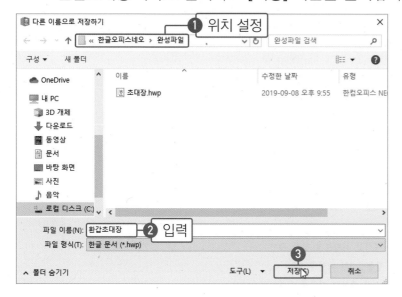

05 저장이 완료되면 화면 상단의 제목이 저장 경로와 함께 '환갑초대장.hwp'라고 바뀌어 표시됩니다.

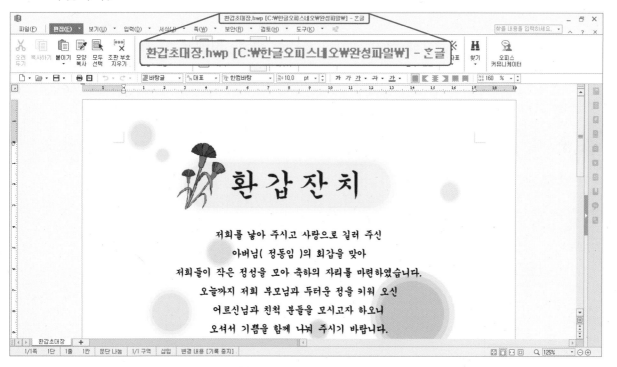

▶ 편집 용지 설정하기

01 편집 용지를 설정하기 위해 [쪽] 탭–[편집 용지(圖)]를 클릭합니다.

02 서식 파일을 활용했기 때문에 편집 용지의 종류와 방향, 여백까지 디자인에 제일 잘 맞게 설정되어 있습니다. [용지 여백]의 [위쪽]과 [아래쪽]을 모두 '18.0mm'로 설정하고 [설정] 버튼을 클릭합니다.

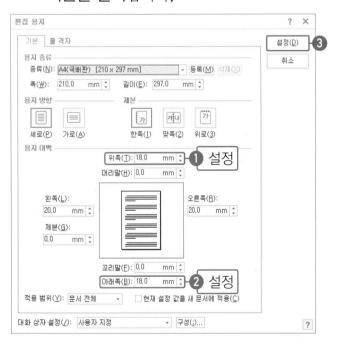

▶ 인쇄 미리 보기

01 문서를 인쇄하기 전에 확인하기 위해 서식 도구 상자에서 [미리 보기(□)]를 클릭합니다.

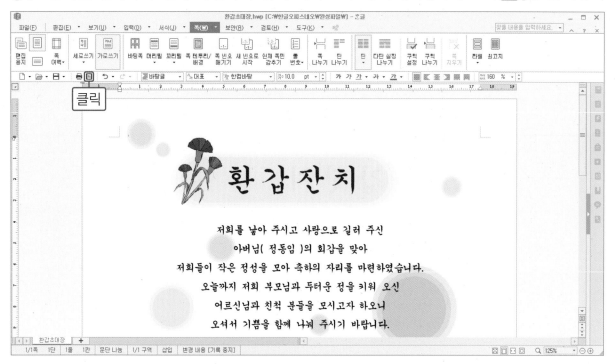

02 인쇄될 내용이 화면에 미리 보여집니다. 수정할 사항이 있는지 없는지 확인한 후 [닫기]를 클릭하거나 Esc 키를 누릅니다.

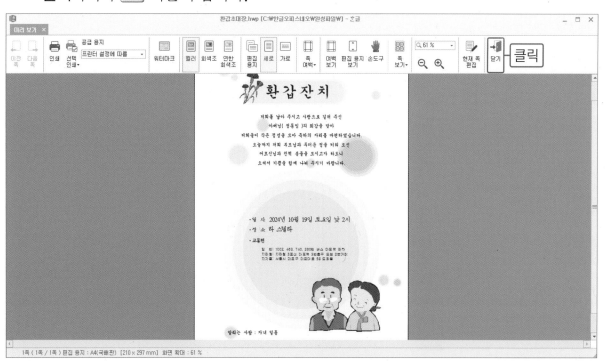

▶ 문서 인쇄하기

01 문서를 인쇄하기 위해 서식 도구 상자에서 [인쇄(🖶)]를 클릭합니다.

02 [인쇄] 대화상자의 [기본] 탭에서 [프린터 선택]에서 컴퓨터와 연결된 프린터를 선택한 후 [인쇄 범위]는 '문서 전체'로 설정합니다. 필요한 만큼 [매수]를 설정하고 [인쇄] 버튼을 클릭합니다.

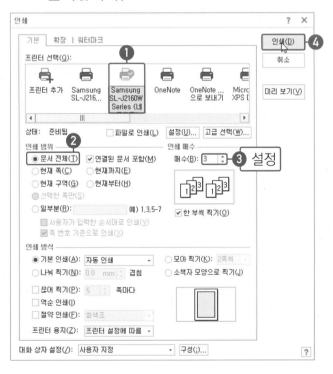

01 문서마당에서 '생일 초대장 1'을 불러와서 다음처럼 완성해 봅니다.

생 일 초 대

김현미,

이번 주

너의 친구인 내 생일이야.

와서 재미있게 놀자.

★ 언제?   *2024년 6월 2일*

☆ 몇시?   *12시*

★ 어디?   *우리 집!*

 문서마당의 [서식 파일 찾기]에서 '초대장'으로 검색하여 찾은 후 불러옵니다.

02 문제 01의 파일을 '생일 초대장.hwp'로 저장해 봅니다.

03 문서마당에서 '편지지(새해 인사 2)'를 불러와서 편집 용지의 위쪽과 아래쪽의 용지 여백을 '20.0mm'로 변경한 후 친구에게 새해 편지를 완성해 봅니다.

 문서마당의 [서식 파일 찾기]에서 '편지지'로 검색하여 찾은 후 불러옵니다.

04 문제 **03**의 파일을 '새해인사.hwp'로 저장해 봅니다.

03 소개장 만들기

- 입력할 글자 모양 설정
- 문자표 입력
- 한자로 바꾸기
- 영어 입력(한/영 변환)
- 대소문자 변경
- 음영 색 설정
- 밑줄 설정
- 강조점 설정

미/리/보/기

📁 완성파일 : 자기소개서.hwp

나를 소개 합니다

① **이름** : 정동임
② **혈액형** : O형
③ **성격** : 자유로운 영혼
④ **좌우명** : A sound mind in a sound body.
⑤ **소개하는 글**
어린 시절은 변두리 작은 동네에서 꿈 많은 소녀로 자라났습니다. 할머니, 할아버지, 삼촌들까지 대가족 속에서 막내로 귀여움을 받으면서 살았습니다. 가족들은 저에게 微笑天使라고 부르곤 했습니다. 가족들의 사랑 덕분에 잘 자라날 수 있었습니다.
현재 저는 사랑하는 아이들과 남편과 함께 행복(幸福)한 삶을 살아가고 있습니다. 앞으로의 꿈은 아이들이 결혼하고 나면 남편과 시골에서 조그마한 텃밭을 가꾸면서 살아가는 것입니다. 그 꿈을 실현할 수 있기를 바랍니다.

문서로 내용을 전달할 때 글자 모양의 글꼴이나 글자의 크기에 따라 가독성이 달라질 수 있습니다. 강조하고 싶은 부분을 음영 색으로 표현하거나 강조점이나 밑줄로도 표현할 수 있습니다. 문서를 좀 더 멋지게 만드는 방법을 알아보겠습니다.

01 글자 모양 설정하기

▶ 글자 모양

입력할 글자나 블록으로 설정한 글자의 모양을 일괄적으로 바꿔 줍니다.

기능 실습 간단하게 '초보운전' 스티커 만들기

글꼴, 크기, 음영 등을 설정하여 '초보운전' 스티커를 만들어 봅니다.

초보운전

① 한글을 실행한 후 [쪽] 탭-[가로(≡)]를 클릭합니다.

② [편집] 탭-[글자 모양(가)]을 클릭합니다.

③ [글자 모양] 대화상자가 나타나면 [기본] 탭에서 [기준 크기]는 '150pt'로 설정한 후 [글꼴]의 ☐을 클릭하여 'HY헤드라인M'을 선택합니다.

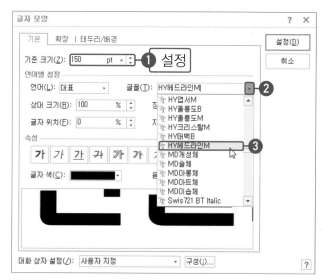

④ 음영 색의 [색 없음 ▼]을 클릭하여 기본 테마의 '연한 노랑(RGB : 250,243,219)'으로 설정합니다. 모든 설정이 완료되었으면 [설정] 버튼을 클릭합니다.

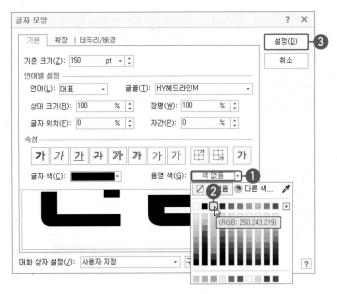

⑤ '초보운전'이라고 입력합니다. 글자 크기가 커지고 음영 색이 표시됩니다.

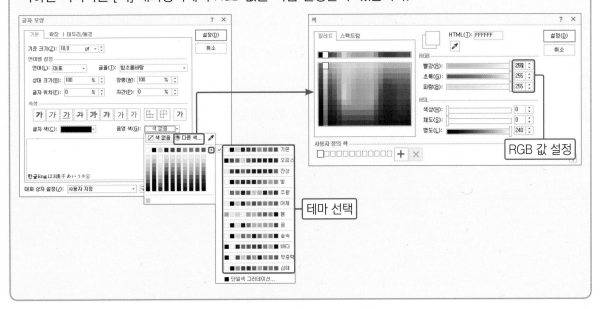

RGB

RGB는 주로 컴퓨터 모니터 화면이나 텔레비전 등에서 색을 표현할 때 사용합니다. 세 가지 색상 빨간색, 녹색, 파란색의 조합으로 만들어집니다. 각각 0~255까지 256단계의 색을 나타낼 수 있습니다.

예를 들어 'RGB(255,0,0)'는 빨간색은 255, 초록색, 파란색은 0이기 때문에 빨간색이 나오게 되고 'RGB(128, 0, 128)'라면 빨간색과 파란색이 128로 반반 섞이고 초록색은 섞이지 않아 보라색이 됩니다.

원하는 색이 없는 경우 색상 팔레트 옆의 [색상 테마(▶)]를 클릭하여 테마를 변경하거나 [다른 색]을 클릭하면 나타나는 [색] 대화상자에서 RGB 값을 직접 설정할 수 있습니다.

▶ [글자 모양] 대화상자 살펴보기

[편집] 탭-[글자 모양(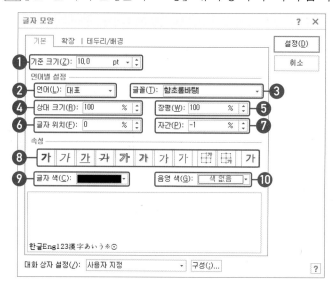)]을 클릭하면 [글자 모양] 대화상자가 나타납니다.

❶ 기준 크기 : 글자의 크기를 줄이거나 키울 수 있습니다.

❷ 언어 : 대표, 한글, 영문, 한자, 일어, 외국어, 기호, 사용자 중에서 언어를 선택합니다.

❸ 글꼴 : '언어'에서 선택한 언어 종류에 대하여 글꼴의 대표 이름으로 한꺼번에 지정하거나 각각의 언어별로 다른 글꼴을 지정할 수 있습니다.

❹ 상대 크기 : 한글과 영문, 한자 등을 섞어 쓸 때 언어별로 적당한 상대 크기를 정해 놓고 사용하면 글자의 크기와 모양을 고르게 표시할 수 있습니다.

❺ 장평 : 글자의 크기는 그대로 유지하면서 글자의 가로 폭을 줄이거나 늘려서 글자 모양에 변화를 줄 수 있습니다.

❻ 글자 위치 : 글자의 기준선을 기준으로 글자를 위나 아래로 움직여 글자 위치를 조정합니다.

❼ 자간 : 글자와 글자 사이의 간격을 조정합니다.

❽ 글자 속성 : 가(진하게), 가(기울임), 가(밑줄), 가(취소선), 까(외곽선), 가(그림자), 가(양각), 가(음각), 갑(위 첨자), 갑(아래 첨자), 가(보통)을 눌러 글자 속성을 설정합니다.

❾ 글자 색 : 색상표를 누르면 나타나는 색상 팔레트에서 원하는 글자 색을 선택합니다.

❿ 음영 색 : 색상표를 누르면 나타나는 색상 팔레트에서 원하는 음영 색을 선택합니다.

▶ 블록 지정 방법 살펴보기

본문 중의 내용 일부를 복사하거나 지울 때 또는 글자 모양이나 문단 모양을 바꾸고자 하는 등 편집 기능이 적용될 범위를 미리 지정하는 것을 '블록'이라고 합니다.

- 드래그 : 블록을 시작할 부분에 마우스 포인터를 위치시킨 후 마우스 왼쪽 버튼을 클릭한 채 블록으로 지정할 부분 끝까지 드래그합니다.

```
전통혼례복

① 활옷 : [드래그] 원래는 궁중에서 의식이 있을 때에 왕비가 입던 대례복이었으나. 후에는 서민의 혼
례복으로도 사용되었는데 홍색비단에 정색으로 안을 받쳐서 만들었는데 이는 정색(여성)
과 홍색(남성)의 화합을 의미하는 것이다.
```

▽

```
전통혼례복

① 활옷 : 원래는 궁중에서 의식이 있을 때에 왕비가 입던 대례복이었으나, 후에는 서민의 혼
례복으로도 사용되었다. 활옷은 홍색비단에 정색으로 안을 받쳐서 만들었는데 이는 정색(여성)
과 홍색(남성)의 화합을 의미하는 것이다.
```

- 더블 클릭 : 낱말을 더블 클릭하면 블록으로 지정됩니다.

```
전통혼례복

① 활옷 : 원래는 궁중에서 의식이 있을 때에 왕비가 입던 대례복이었으나. 후에는 서민의 혼
례복으로도 사용되었다. 활옷은 홍색비단에 정색으로 안을 받쳐서 만들었는데 이는 정색(여성)
과 홍색(남성)의 화합을 의미하는 것이다.
```

- F3 키 : 블록을 시작할 부분에 커서를 놓고 F3 키를 누른 후 블록으로 지정할 끝 부분 까지 방향키를 누릅니다.

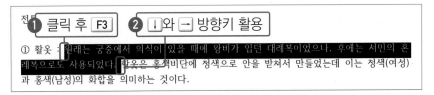

- 문서 전체 블록 지정 : Ctrl 키를 누른 채 A 키를 눌러 문서 전체를 블록 지정합니다.
- 블록 해제 : 블록을 해제하려면 Esc 키를 누릅니다.

▶ 사용할 도구 알아보기

	도구	설명
가	글자 모양	글자 모양을 변경합니다.
A_a	글자 바꾸기	한자로 바꾸기 및 대/소문자 바꾸기 등 글자를 변경합니다.

내 소개장 만들기

▶ [글자 모양] 대화상자에서 설정 바꾸기

01 한글을 실행한 후 [쪽] 탭-[가로(▤)]를 클릭합니다.

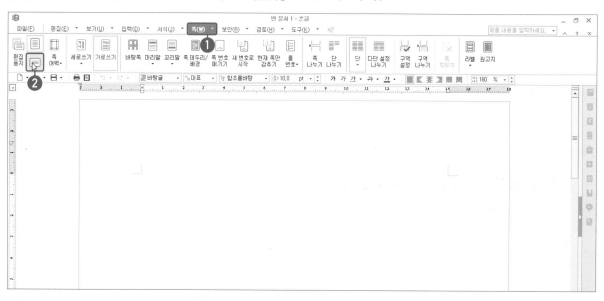

02 [편집] 탭-[글자 모양(가)]을 클릭합니다.

03 [글자 모양] 대화상자가 나타나면 [기준 크기]는 '15.0pt', [글꼴]은 '한컴 솔잎 M'으로 설정하고 [설정] 버튼을 클릭합니다.

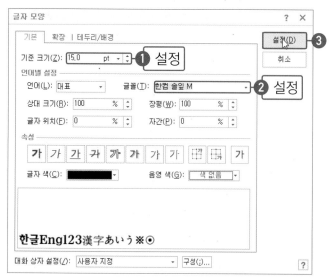

 잠깐

[글자 모양] 대화상자는 Alt + L 키를 눌러 불러올 수도 있습니다.

04 한글을 입력하면 [글자 모양] 대화상자에서 설정한대로 글자 크기와 글꼴로 입력됩니다. 다음과 같이 입력합니다.

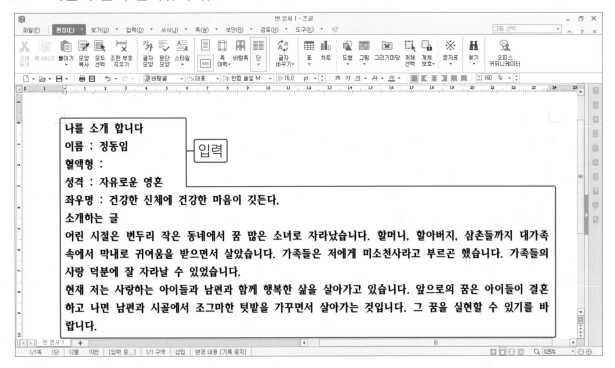

05 다음과 같이 드래그하여 블록을 지정한 후 [편집] 탭-[글자 모양(가)]을 클릭합니다. [글자 모양] 대화상자가 나타나면 [자간]을 '-7%'로 설정하여 자간을 좁힌 후 [설정] 버튼을 클릭합니다.

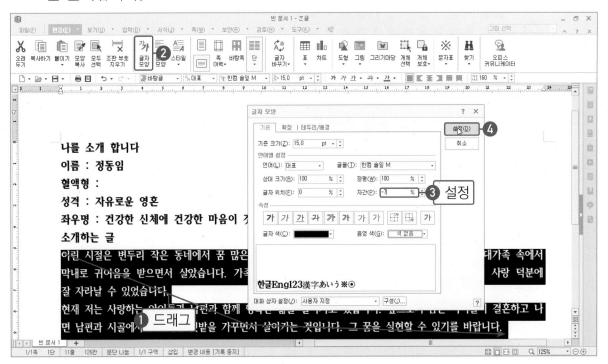

▶ 문자표 입력하기

01 '이름' 앞을 클릭하여 커서를 두고 [편집] 탭-[문자표(문자표)]에서 [문자표]를 선택합니다.

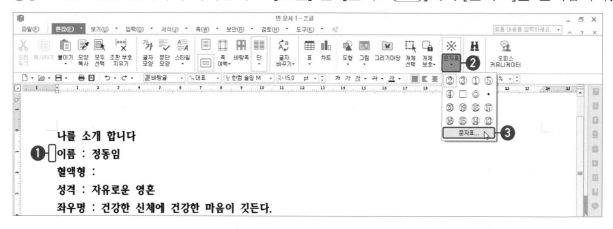

 문자표를 이용하면 키보드에서는 입력할 수 없는 다양한 문자나 기호를 입력할 수 있습니다. [입력] 탭에서 실행할 수 있으며 바로 가기 키는 Ctrl + F10입니다.

02 [문자표 입력] 대화상자가 나타나면 [한글(HNC) 문자표] 탭을 선택합니다. [문자 영역]에서 [전각 기호(원)]을 클릭한 후 [문자 선택]에서 '①'을 선택하고 [넣기] 버튼을 클릭합니다.

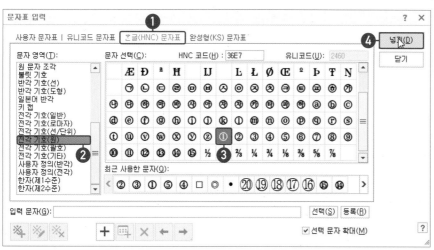

 글자 겹치기로 원문자 만들기
문자표에 없는 원문자나 사각형 문자는 '글자 겹치기'를 이용해 직접 입력할 수 있습니다.

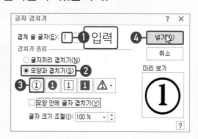

❶ '이름' 앞에 커서를 위치한 후 [입력] 탭-[입력 도우미(水ai)]에서 [글자 겹치기]를 선택합니다.

❷ [글자 겹치기] 대화상자에서 [겹쳐 쓸 글자]에 '1'이라 입력하고 [겹치기 종류]는 '모양과 겹치기'로 선택하고 모양을 선택합니다. [넣기] 버튼을 클릭합니다.

03 현재 커서가 위치한 곳에 원문자가 입력되었습니다.

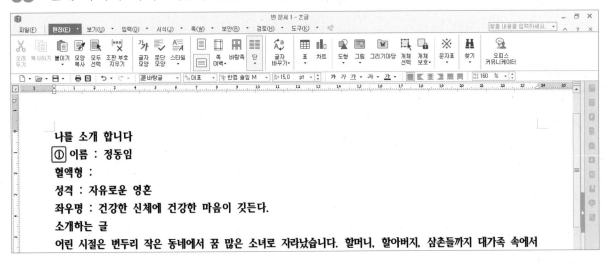

04 다음처럼 '혈액형', '성격', '좌우명', '소개하는 글' 앞에 '②~⑤'를 입력합니다.

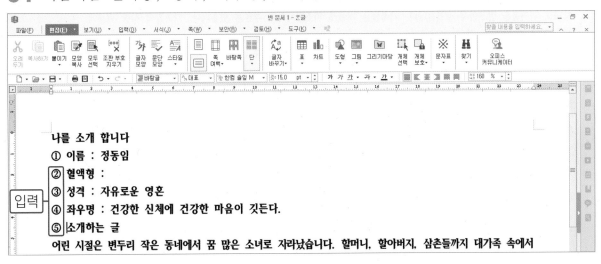

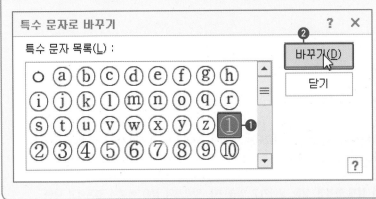

자음 키 + 한자 키를 이용해 특수 문자 입력하기

한글 자음 키를 누른 후 한자 키를 누르면 [특수 문자로 바꾸기] 대화상자가 나타납니다. 자음 키마다 서로 다른 특수 문자를 입력할 수 있습니다. 원문자를 입력하려면 한글 자음 ㅇ 키를 누른 후 한자 키를 누릅니다. 원하는 원문자 중 하나를 선택한 후 [바꾸기] 버튼을 클릭합니다.

▶ 영어 입력하기

01 영어를 입력하기 위해 키보드에서 [한/영] 키를 누른 후 [Shift] 키와 함께 [0] 키를 눌러 대문자 'O'를 입력합니다. [0] 키만 누르면 소문자가 입력됩니다.

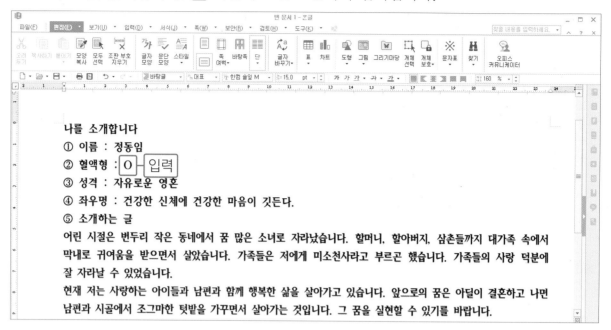

[Caps Lock] 키를 누르면 키보드의 'Caps Lock'에 불이 들어옵니다. 이때 영문을 입력할 경우 대문자 입력이 기본이 되고 [Shift] 키를 누른 채 영문을 입력하면 소문자가 입력됩니다. 다시 [Caps Lock] 키를 누르면 키보드의 'Caps Lock'의 불이 꺼집니다. 이때 영문을 입력할 경우 소문자 입력이 기본이 되며 [Shift] 키를 누른 채 영문을 입력하면 대문자가 입력됩니다.

02 [한/영] 키를 누른 후 '형'을 입력합니다.

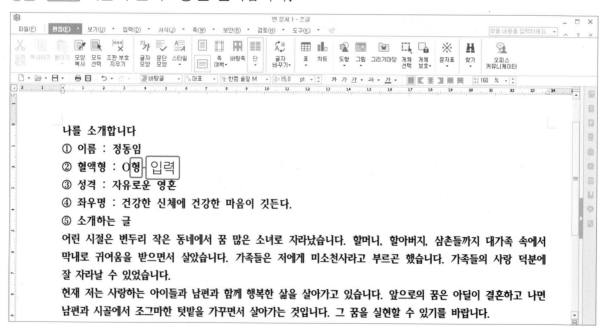

03 '건강한 신체에 건강한 마음이 깃든다.'를 드래그하여 블록으로 지정한 후 Delete 키를 눌러 삭제합니다.

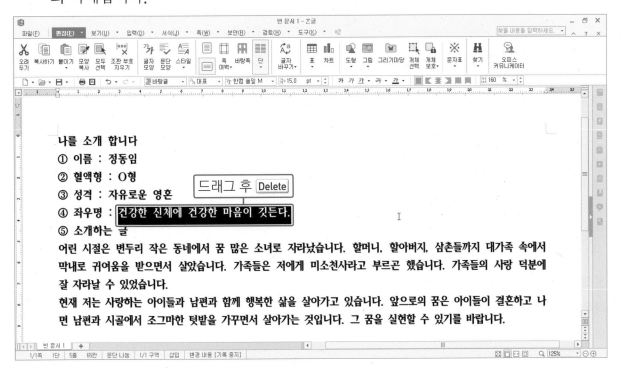

04 한/영 키를 눌러 'a sound mind in a sound body'라고 입력한 후 'a sound mind in a sound body'를 드래그하여 블록으로 지정합니다. [편집] 탭-[글자 바꾸기(🖹)]에서 [대문자/소문자 바꾸기]를 선택합니다.

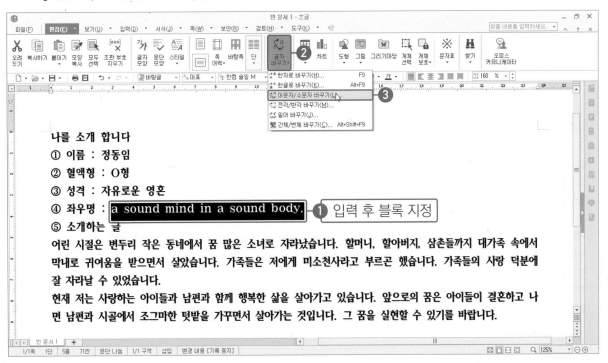

05 [대문자/소문자 바꾸기] 대화상자가 나타나면 [문장 첫 글자를 대문자로]를 선택한 후 [바꾸기] 버튼을 클릭합니다.

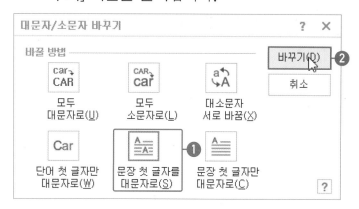

06 문장 중에 첫 글자만 대문자로 변경되었습니다.

③ 성격 : 자유로운 영혼
④ 좌우명 : A sound mind in a sound body.
⑤ 소개하는 글

▶ 한자 입력하기

01 8줄의 '미소천사'를 드래그하여 블록으로 지정한 후 [편집] 탭-[글자 바꾸기( )]에서 [한자로 바꾸기]를 선택합니다.

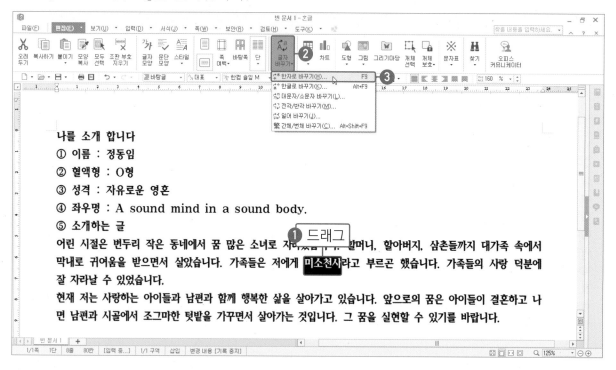

02 [한자로 바꾸기] 대화상자가 나타나면 [한자 목록]에서 '미소'에 해당하는 한자 '微笑'를 선택한 후 [입력 형식]은 '漢字'로 설정하고 [바꾸기] 버튼을 클릭합니다. 다음 단어 '천사'에 해당하는 한자 '天使'를 선택한 후 [바꾸기] 버튼을 클릭합니다.

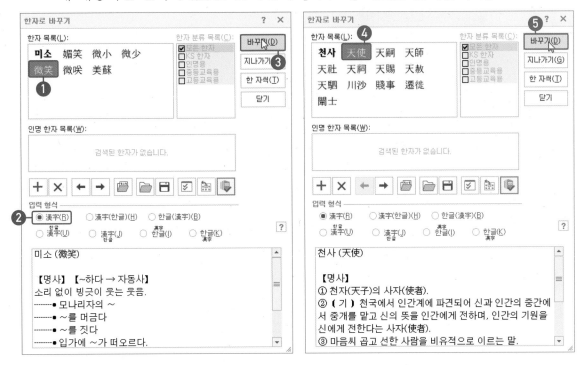

 '사필귀정'처럼 한 단어같이 사용되는 사자성어의 경우에는 네 글자를 한꺼번에 한자로 바꿀 수 있습니다.

03 한글 '미소천사'가 한자 '微笑天使'로 바뀌었습니다. 이번에는 '행복' 다음을 클릭하여 커서를 위치시키고 한자 키를 누릅니다.

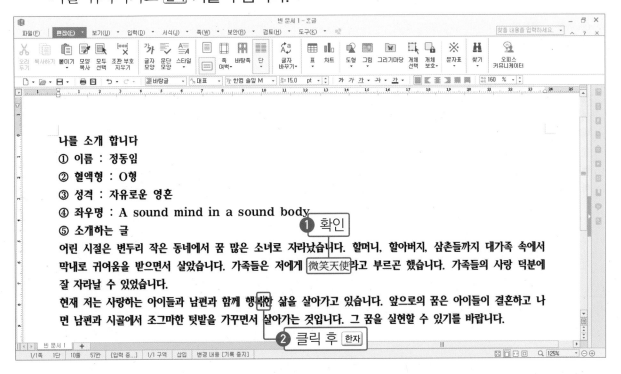

04 [한자로 바꾸기] 대화상자가 나타나면 [한자 목록]에서 '행복'에 해당하는 한자 '**幸福**'을 선택한 후 [입력 형식]은 '한글(漢字)'로 설정하고 [바꾸기] 버튼을 클릭합니다.

잠깐 F9 키를 눌러도 [한자로 바꾸기] 대화상자를 불러올 수 있습니다.

05 [입력 형식]에서 설정한 대로 '한글(漢字)' 형식으로 '행복(幸福)'이 입력되었습니다.

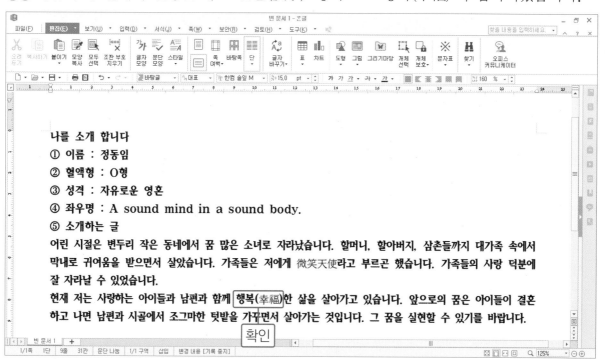

▶ 글자에 음영 색 설정하기

01 '이름'을 드래그하여 블록으로 지정한 후 [편집] 탭-[글자 모양(가)]을 클릭합니다. [글자 모양] 대화상자가 나타나면 [기본] 탭에서 [음영 색]을 기본 테마의 '노랑(RGB : 255, 215,0)'으로 설정한 후 [설정] 버튼을 클릭합니다.

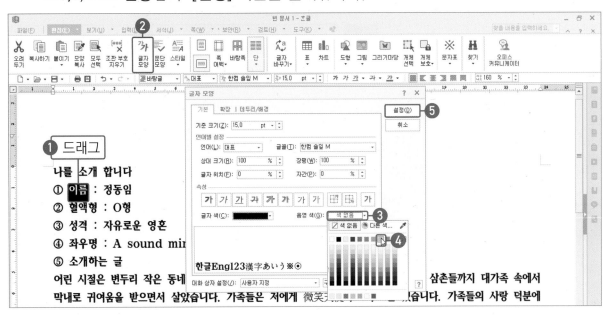

한글 프로그램 업데이트에 따라 음영 색이나 글자 색이 책과 다르게 나타날 수 있습니다. 유사한 색으로 설정하여 실습합니다.

02 '이름' 가운데를 클릭하여 커서를 위치시키고 [편집] 탭-[모양 복사(📋)]를 클릭합니다.

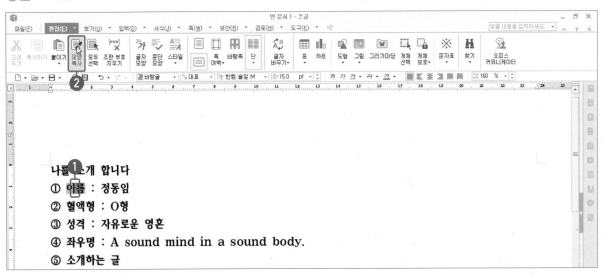

모양 복사
커서 위치의 글자 모양이나 문단 모양, 스타일 등을 다른 곳으로 간편하게 복사하는 기능으로 바로 가기 키는 Alt + C입니다.

03 [모양 복사] 대화상자가 나타나면 [본문 모양 복사]에서 '글자 모양'을 선택한 후 [복사] 버튼을 클릭합니다.

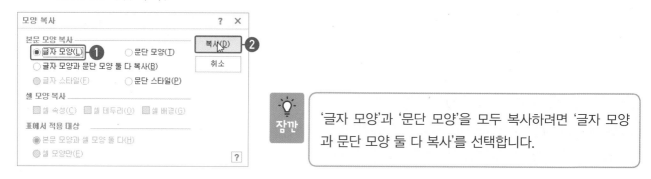

'글자 모양'과 '문단 모양'을 모두 복사하려면 '글자 모양과 문단 모양 둘 다 복사'를 선택합니다.

04 '이름'의 글자 모양을 '혈액형'에 복사하기 위해 '혈액형'을 드래그하여 블록 지정한 후 [편집] 탭-[모양 복사(📝)]를 클릭합니다. 음영 색이 '혈액형'에 복사됩니다.

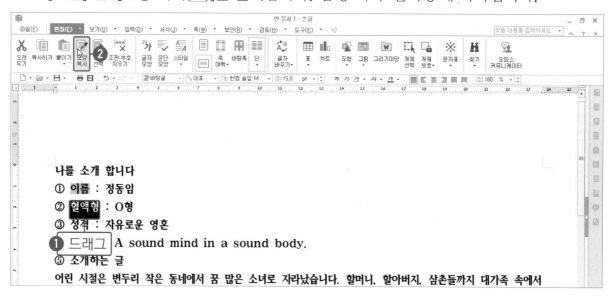

05 같은 방법으로 '성격', '좌우명', '소개하는 글'도 각각 모양을 복사합니다.

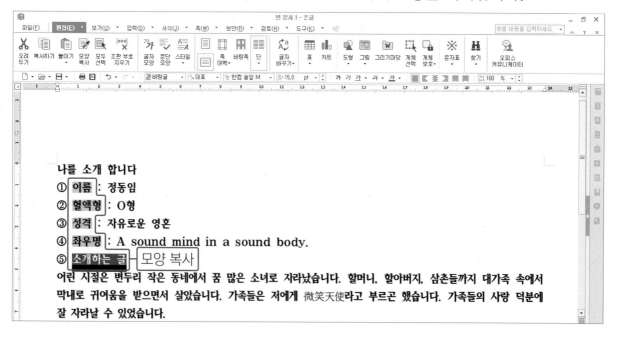

▶ 글자 모양의 확장 영역 설정하기

01 '나를 소개 합니다'를 드래그하여 블록으로 지정한 후 [편집] 탭-[글자 모양(까)]을 클릭합니다. [글자 모양] 대화상자가 나타나면 [기본] 탭에서 [기준 크기]는 '32pt', [글꼴]은 'HY바다M', [속성]은 '밑줄(까)', [글자 색]은 기본 테마의 '남색(RGB : 97,130,214)'으로 설정합니다.

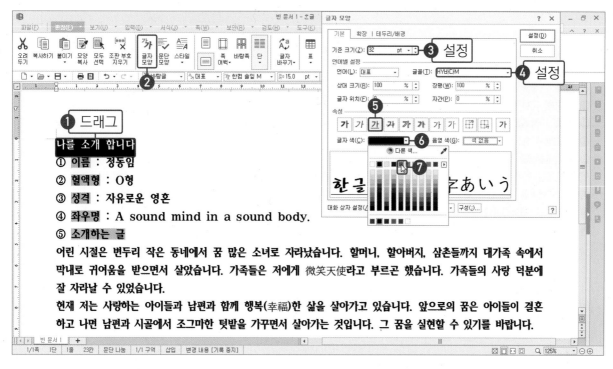

02 [확장] 탭을 클릭한 후 [밑줄]에서 [위치]는 '아래쪽', [모양]은 '이중 실선', [색]은 기본 테마의 '하늘색(RGB : 97,130,214)'으로 설정한 후 [설정] 버튼을 클릭합니다.

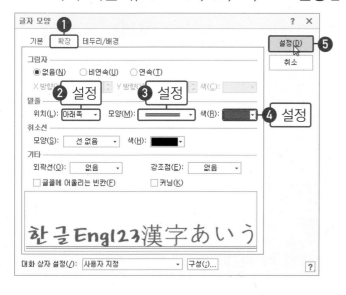

 잠깐

[글자 모양] 대화상자의 [확장] 탭에서는 글자의 그림자, 밑줄, 취소선, 외곽선, 강조점 등을 설정할 수 있습니다.

03 '나를 소개 합니다'의 글자 모양이 변경되었습니다. 계속해서 서식 도구 상자에서 [가운데 정렬(≡)]을 클릭하여 문서의 가운데로 정렬합니다.

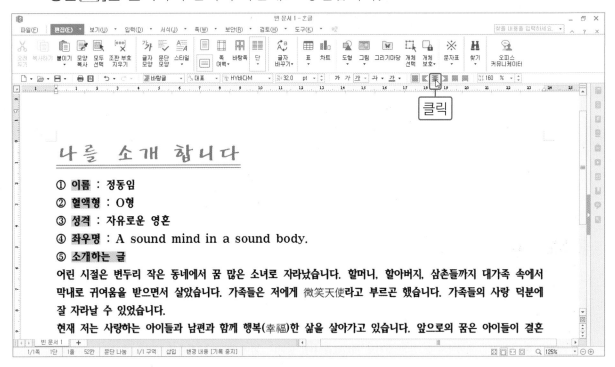

04 '微笑天使'에 강조점을 설정하기 위해 微笑天使를 드래그하여 블록으로 지정한 후 [편집] 탭-[글자 모양(가)]을 클릭합니다. [글자 모양] 대화상자가 나타나면 [확장] 탭을 클릭하고 [기타]의 강조점을 ' ⦚ '로 설정하고 [설정] 버튼을 클릭합니다.

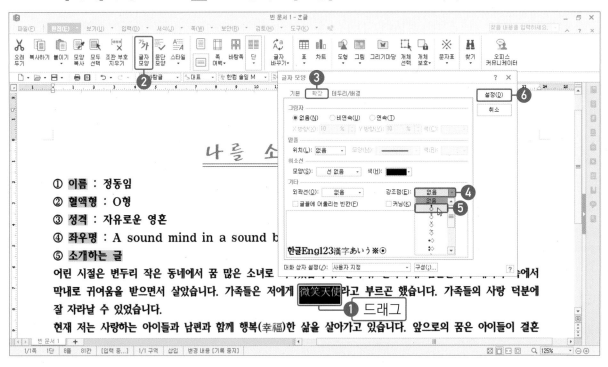

05 '微笑天使' 가운데를 클릭하여 커서를 두고 Alt + C 키를 누릅니다. [모양 복사] 대화상자가 나타나면 [복사] 버튼을 클릭하여 글자 모양을 복사한 후 '행복'을 드래그하여 블록으로 지정하고 Alt + C 키를 눌러 모양을 복사합니다.

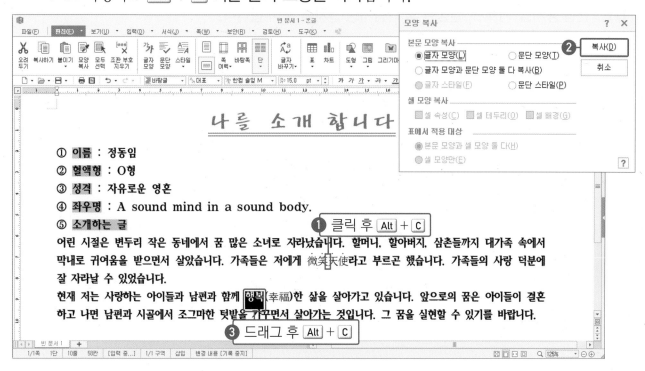

06 '①' 앞을 클릭하여 커서를 두고 Enter 키를 눌러 빈 줄을 삽입합니다. 3~12번 줄까지 드래그하여 블록으로 지정하고 서식 도구 상자에서 [줄 간격]의 ▾를 클릭한 후, '180%'를 선택하여 줄 간격을 넓혀 줍니다.

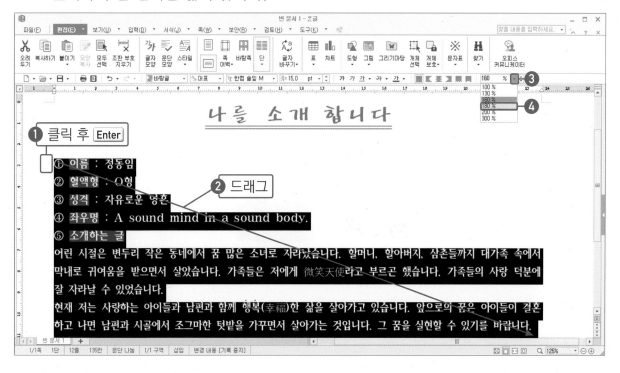

07 서식 도구 상자에서 [저장하기(💾)]를 클릭합니다. [다른 이름으로 저장하기] 대화상자가 나타나면 [파일 이름]에는 '자기소개서'라고 입력한 후 [저장] 버튼을 클릭합니다.

01 편집 용지를 '가로'로 설정한 후 다음처럼 글자를 꾸며 봅니다.

• 글자 크기 : 100pt	• 글꼴 : 한컴 쿨재즈B	• 정렬 : 가운데 정렬

아주 특별한
당신은
나에게 행복

02 문제 **01**의 파일에 다음처럼 '특별한'에 강조점을 추가하고, '행복'에 '양각'과 음영 색은 기본 테마의 '주황(RGB : 255,132,58)'으로 설정해 봅니다.

아주 특별한
당신은
나에게 행복

03 문제 **02**의 파일을 '캘리그라피.hwp'로 저장해 봅니다.

04 새 문서를 열고 편집 용지를 '가로'로 설정한 후 다음처럼 입력해 봅니다.

> ・글자 크기 : 13pt　　　　　・글꼴 : 궁서체

> 삼강오륜
> 삼강오륜은 현재까지도 이어져 일상생활에 깊이 뿌리내린 윤리 도덕이랍니다.
>
> 삼강
> 군위신강 : 임금과 신하 사이에 마땅히 지켜야 할 도리
> 부위자강 : 어버이와 자식 사이에 마땅히 지켜야 할 도리
> 부위부강 : 남편과 아내 사이에 지켜야 할 도리
>
> 오륜
> 군신유의 : 임금과 신하 사이에는 의로움이 있어야 함.
> 부자유친 : 어버이와 자식 사이에는 친함이 있어야 함.
> 부부유별 : 부부 사이에는 구별이 있어야 함.
> 장유유서 : 어른과 아이 사이에는 차례와 질서가 있어야 함.
> 붕우유신 : 친구 사이에는 믿음이 있어야 함

05 문제 **04**의 파일에 다음처럼 한자와 기호를 추가해 봅니다.

> ◉ 삼강오륜
> 삼강오륜(三綱五倫)은 현재까지도 이어져 일상생활에 깊이 뿌리내린 윤리 도덕이랍니다.
>
> ◉ 삼강
> ❶ 군위신강(君爲臣綱) : 임금과 신하 사이에 마땅히 지켜야 할 도리
> ❷ 부위자강(父爲子綱) : 어버이와 자식 사이에 마땅히 지켜야 할 도리
> ❸ 부위부강(夫爲婦綱) : 남편과 아내 사이에 지켜야 할 도리
>
> ◉ 오륜
> ❶ 군신유의(君臣有義) : 임금과 신하 사이에는 의로움이 있어야 함.
> ❷ 부자유친(父子有親) : 어버이와 자식 사이에는 친함이 있어야 함.
> ❸ 부부유별(夫婦有別) : 부부 사이에는 구별이 있어야 함.
> ❹ 장유유서(長幼有序) : 어른과 아이 사이에는 차례와 질서가 있어야 함.
> ❺ 붕우유신(朋友有信) : 친구 사이에는 믿음이 있어야 함

> ・◉ : [편집] 탭─[문자표] 또는 [입력] 탭─[문자표] 활용
> ・❶~❺ : [입력] 탭─[입력 도우미]의 [글자 겹치기] 활용

06 문제 **05**의 파일을 '삼강오륜.hwp'로 저장해 봅니다.

04 시집 만들기

- 문단 정렬
- 문단과 줄 바꿈 이해하기
- 문단 여백
- 줄 간격

- 문단 테두리 설정
- 문단 배경 꾸미기
- 여러 방식으로 화면 보기

미/리/보/기

 완성파일 : 시.hwp

봄의 연인

정동임

연인은 아름답게
흩날리는
벚꽃

연인은 자세하게
서로를
볼 수 있는
안경

연인은 다양하게
추억을
저장하는
사진첩

연인은 서로에게
편안함을
줄 수 있는
안식처

연인은 모두에게
꽃을 주는
봄

이번 장에서는 자작 시를 입력하고 각 연 단위로 정렬한 후 문단 여백과 줄 간격을 설정하고 문단마다 테두리나 배경 색으로 꾸며 보겠습니다. 문단 모양을 활용해서 예쁘게 꾸민 문서를 폭 맞춤, 쪽 맞춤 등 다양한 보기 방법도 알아보겠습니다.

▶ 문단 모양

여러 문장이 이어지다가 문맥에 따라 줄이 바뀌는 부분을 '문단'이라고 합니다. 한글에서는 사용자가 입력하는 도중에 Enter 키를 누르면 문단이 나누어집니다.

기능 실습   입력한 명언을 보기 좋게 정리하기

명언을 입력하고 들여쓰기, 줄 간격, 문단 간격을 설정해 봅니다.

> 자신이 성공하는 내면의 그림을 마음속에 명확히 그리고 지울 수 없게 각인시켜라. 이 그림을 끈질기게 간직하라. 절대 희미해지도록 내버려 두지 마라.
>
> 그대의 마음이 이 그림을 실현하기 위해 노력할 것이다. 당신의 상상 속에 어떠한 장애물도 두지 마라.

① 한글을 실행한 후 빈 문서에 다음과 같이 명언을 입력합니다.

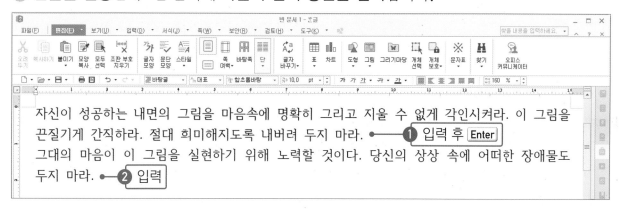

② 입력한 글을 드래그하여 모두 블록으로 지정한 후 [편집] 탭-[문단 모양(▤)]을 클릭합니다.

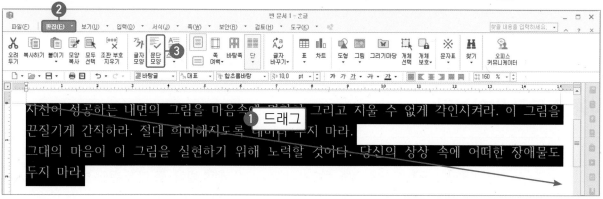

❸ [문단 모양] 대화상자가 나타나면 [첫 줄]은 '들여쓰기', '10pt'로 설정합니다. [간격]의 [줄 간격]은 '170%'로 설정하고 [문단 아래]는 '5pt'로 설정한 후 [설정] 버튼을 클릭합니다.

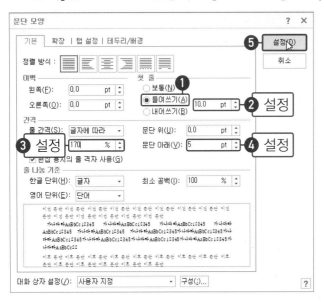

❹ 문단이 시작할 때마다 들여쓰기되고 줄 간격도 넓게 조정되었습니다.

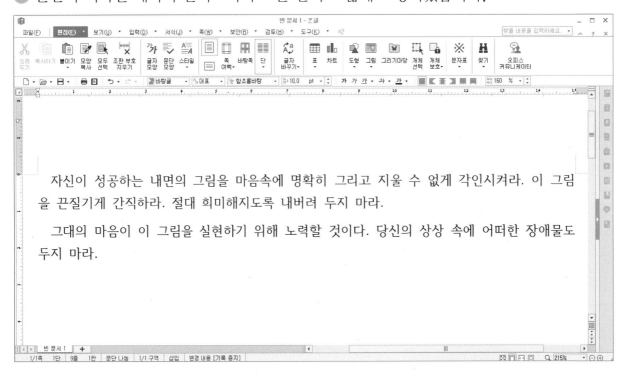

▶ 사용할 도구 알아보기

도구		설명
✓	문단 모양	문단의 왼쪽/오른쪽 여백, 들여쓰기/내어쓰기, 정렬 방식, 줄 간격, 문단 테두리, 문단 배경, 문단 종류, 탭 설정 등을 변경합니다.

02 내가 쓴 시 꾸미기

▶ 행과 연 구분해서 입력하기

01 한글을 실행한 후 빈 문서가 표시되면 서식 도구 상자에서 [글꼴]은 'HY견명조', [글자 크기]는 '13pt'로 설정합니다.

02 다음과 같이 입력합니다.

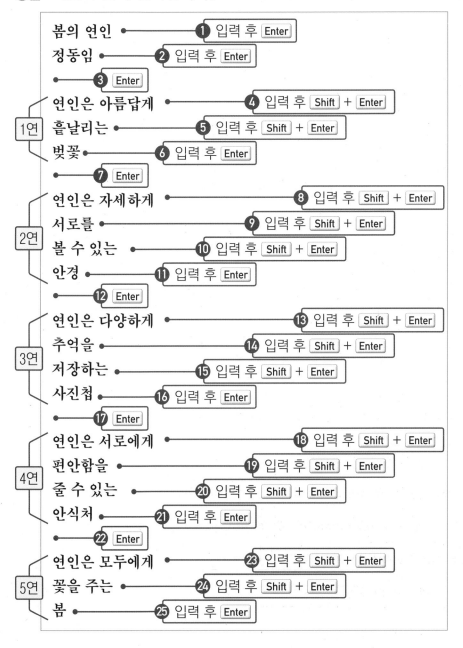

봄의 연인 ━━━ ① 입력 후 Enter

정동임 ━━━ ② 입력 후 Enter

③ Enter

1연
연인은 아름답게 ━━━ ④ 입력 후 Shift + Enter
흩날리는 ━━━ ⑤ 입력 후 Shift + Enter
벚꽃 ━━━ ⑥ 입력 후 Enter

⑦ Enter

2연
연인은 자세하게 ━━━ ⑧ 입력 후 Shift + Enter
서로를 ━━━ ⑨ 입력 후 Shift + Enter
볼 수 있는 ━━━ ⑩ 입력 후 Shift + Enter
안경 ━━━ ⑪ 입력 후 Enter

⑫ Enter

3연
연인은 다양하게 ━━━ ⑬ 입력 후 Shift + Enter
추억을 ━━━ ⑭ 입력 후 Shift + Enter
저장하는 ━━━ ⑮ 입력 후 Shift + Enter
사진첩 ━━━ ⑯ 입력 후 Enter

⑰ Enter

4연
연인은 서로에게 ━━━ ⑱ 입력 후 Shift + Enter
편안함을 ━━━ ⑲ 입력 후 Shift + Enter
줄 수 있는 ━━━ ⑳ 입력 후 Shift + Enter
안식처 ━━━ ㉑ 입력 후 Enter

㉒ Enter

5연
연인은 모두에게 ━━━ ㉓ 입력 후 Shift + Enter
꽃을 주는 ━━━ ㉔ 입력 후 Shift + Enter
봄 ━━━ ㉕ 입력 후 Enter

 잠깐

한글에서 사용자가 글을 입력하는 도중에 Enter 키를 누르면 문단이 나누어집니다. 문단을 나누지 않고 줄 바꿈을 하기 위해서는 Shift + Enter 키를 누릅니다.

▶ 문단 정렬하기

01 '봄의 연인' 줄을 클릭하고 서식 도구 상자에서 [가운데 정렬(圭)]을 클릭합니다. '지은이 이름' 줄을 클릭하고 서식 도구 상자에서 [오른쪽 정렬(圭)]을 클릭합니다.

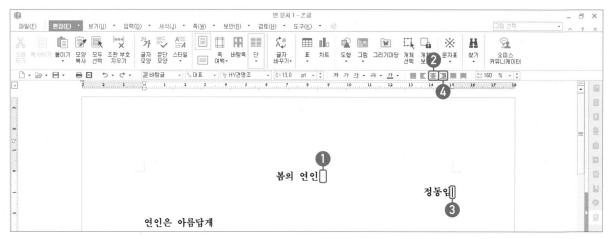

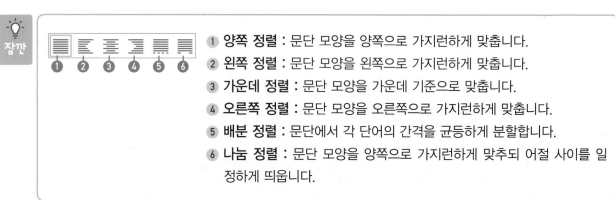

① **양쪽 정렬** : 문단 모양을 양쪽으로 가지런하게 맞춥니다.
② **왼쪽 정렬** : 문단 모양을 왼쪽으로 가지런하게 맞춥니다.
③ **가운데 정렬** : 문단 모양을 가운데 기준으로 맞춥니다.
④ **오른쪽 정렬** : 문단 모양을 오른쪽으로 가지런하게 맞춥니다.
⑤ **배분 정렬** : 문단에서 각 단어의 간격을 균등하게 분할합니다.
⑥ **나눔 정렬** : 문단 모양을 양쪽으로 가지런하게 맞추되 어절 사이를 일정하게 띄웁니다.

02 2연과 4연을 각각 드래그하여 블록으로 지정한 후 서식 도구 상자에서 [오른쪽 정렬(圭)]을 클릭합니다.

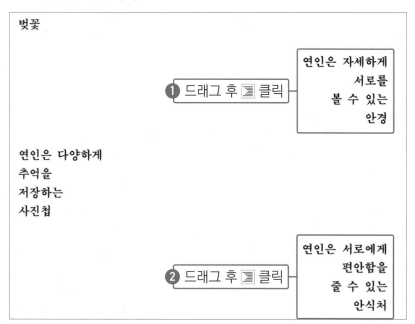

▶ 문단 여백과 줄 간격 지정하기

01 '연인은 아름답게'부터 시의 끝인 '봄'까지 드래그하여 블록으로 지정한 후 [편집] 탭-
[문단 모양(▤)]을 클릭합니다.

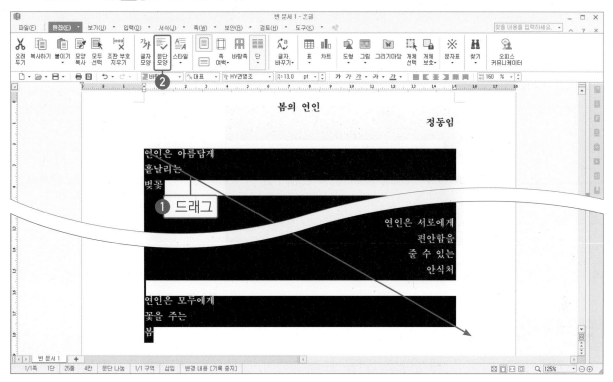

02 [문단 모양] 대화상자가 나타나면 [여백]의 [왼쪽], [오른쪽]을 각각 '50.0pt'로 설정한 후
[간격]의 [줄 간격]은 '180%'로 설정하고 [설정] 버튼을 클릭합니다.

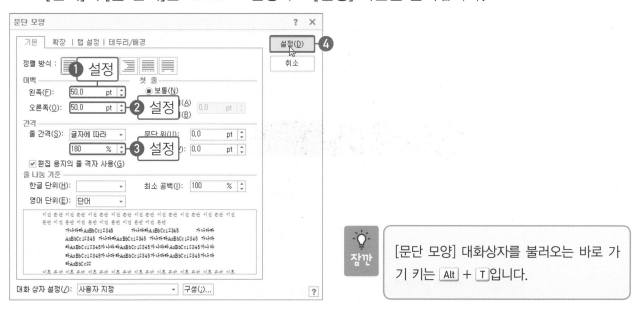

[문단 모양] 대화상자를 불러오는 바로 가
기 키는 Alt + T입니다.

03 왼쪽, 오른쪽 여백이 설정되고 줄 간격이 넓어졌습니다.

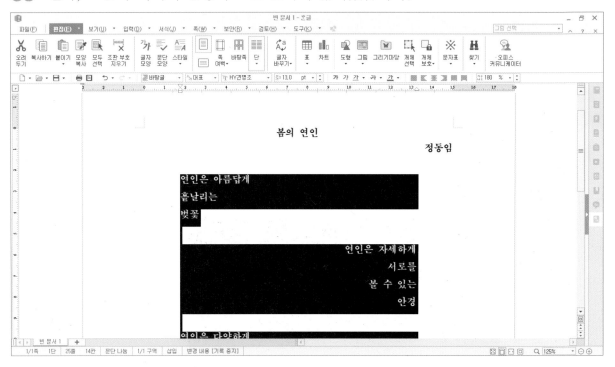

▶ 문단 테두리 꾸미기

01 `Esc` 키를 눌러 블록을 해제하고 1연을 드래그하여 블록으로 지정한 후 [편집] 탭-[문단 모양]을 클릭합니다.

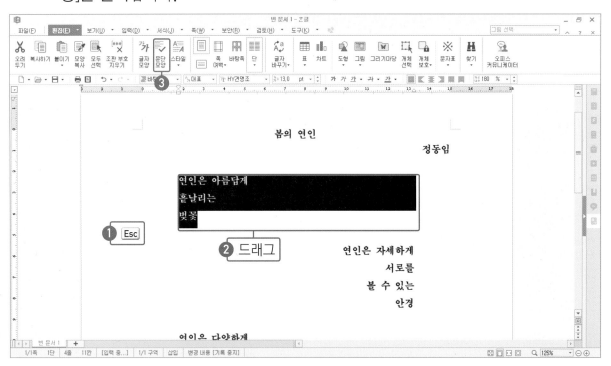

02 [문단 모양] 대화상자가 나타나면 [테두리/배경] 탭을 클릭한 후 [테두리]에서 [종류]의 선 없음 ▾ 을 클릭하여 '이점쇄선'을 선택합니다.

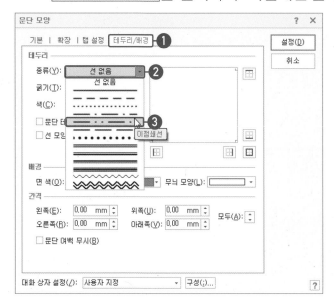

03 테두리의 색을 지정하기 위해 [색]의 ▅▅▅▅▅ ▾ 를 클릭한 후 [색상 테마(▣)]를 클릭하여 '오피스'를 선택합니다. 오피스 테마로 변경되면 '주황(RGB : 255,102,0)'을 선택합니다.

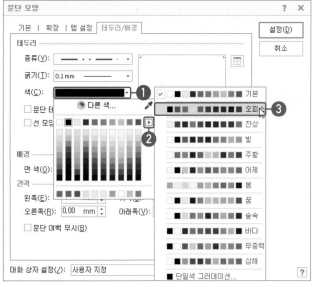 

04 설정한 테두리를 모든 선에 적용하기 위해 [모두(□)]를 클릭합니다. [간격]에서 [위쪽]은 '4mm', [아래쪽]은 '2mm'로 설정하고 [설정] 버튼을 클릭합니다.

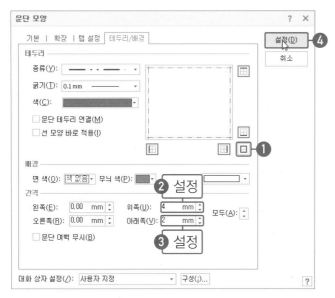

 문단의 간격을 설정하지 않으면 문단 테두리가 글에 너무 붙어서 보기 좋지 않습니다. 일정한 간격으로 설정하는 것이 좋습니다.

05 Esc 키를 눌러 블록을 해제합니다. 1연의 문단에 테두리가 그려졌습니다.

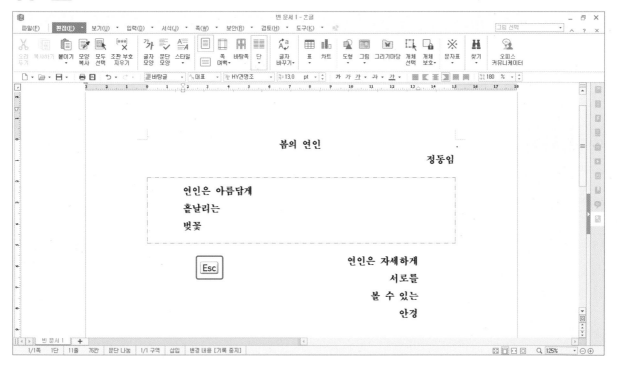

▶ 문단 배경 꾸미기

01 2연을 드래그하여 블록으로 지정한 후 [편집] 탭–[문단 모양(▼)]을 클릭합니다.

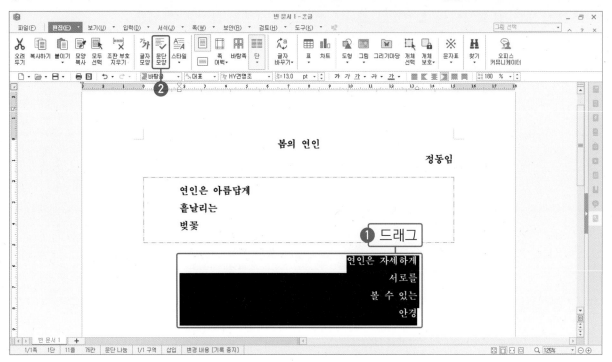

02 [문단 모양] 대화상자가 나타나면 [테두리/배경] 탭에서 [배경]의 [면 색]을 오피스 테마의 '주황(RGB : 255,102,0) 90% 밝게'로 설정하고, [간격]의 [위쪽]은 '4mm', [아래쪽]은 '2mm'로 설정한 후 [설정] 버튼을 클릭합니다.

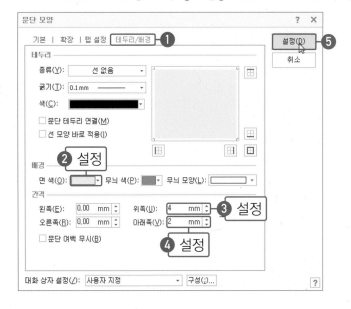

03 `Esc` 키를 눌러 블록을 해제합니다. 문단 배경이 꾸며진 것을 확인합니다.

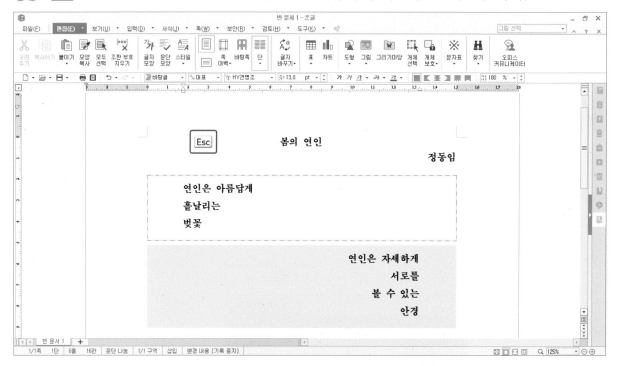

04 같은 방법으로 3연, 4연, 5연도 테두리와 배경색을 설정합니다.

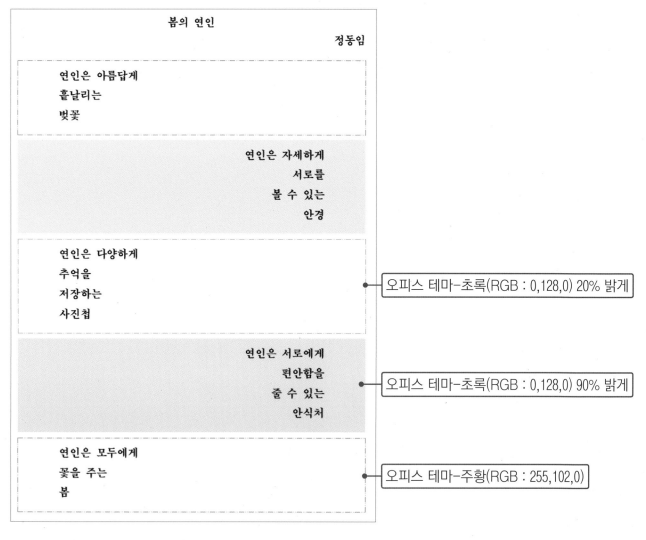

오피스 테마-초록(RGB : 0,128,0) 20% 밝게

오피스 테마-초록(RGB : 0,128,0) 90% 밝게

오피스 테마-주황(RGB : 255,102,0)

▶ 화면 보기 방식

01 [보기] 탭-[문단 부호]를 클릭하여 체크합니다. '줄 바꿈 부호'와 '문단 부호'가 다름을 확인할 수 있습니다.

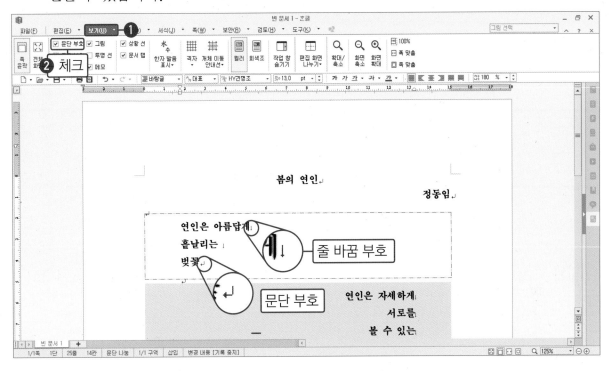

02 [보기] 탭-[문단 부호]를 클릭하여 체크를 해제한 후 전체 화면으로 문서를 보기 위해 [전체 화면(⛶)]을 클릭합니다.

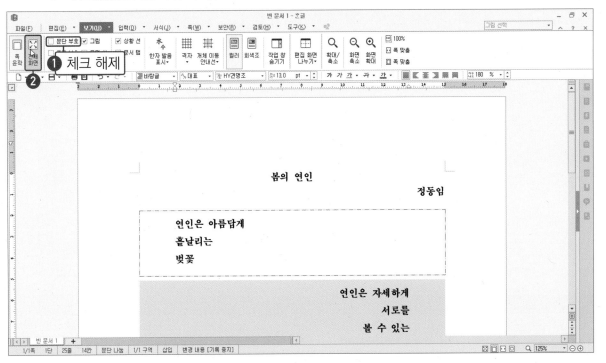

03 메뉴와 도구 상자가 사라지고 넓게 볼 수 있습니다. 아래쪽에서 [전체 화면 닫기]를 클릭합니다.

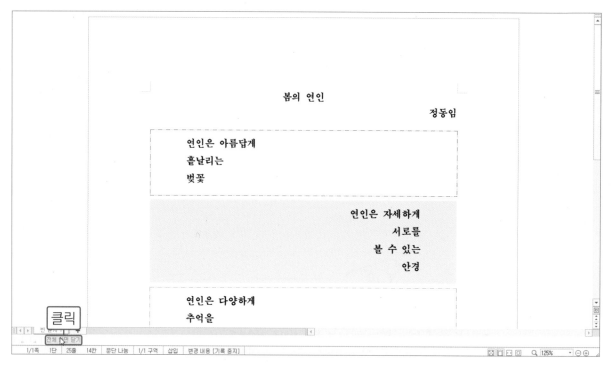

04 [보기] 탭–[100%(▣)]를 클릭합니다. 편집한 화면이 확대하거나 축소하지 않은 실제 크기로 보입니다.

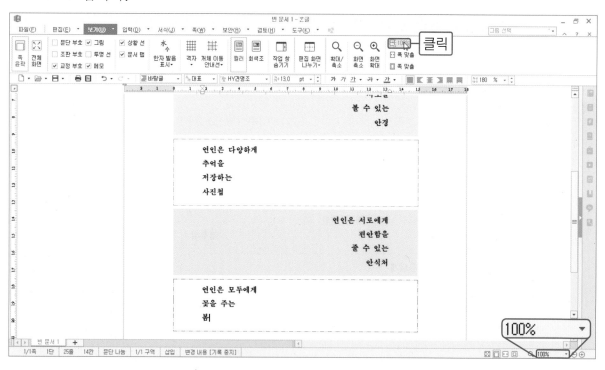

05 [보기] 탭-[폭 맞춤(回)]을 클릭합니다. 용지의 너비가 문서 창의 너비에 맞춰 표시됩니다.

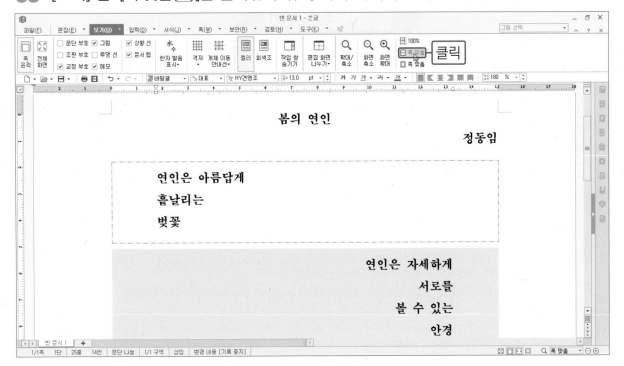

06 [보기] 탭-[쪽 맞춤(回)]을 클릭합니다. 용지 한쪽 분량을 한 화면에 모두 표시합니다.

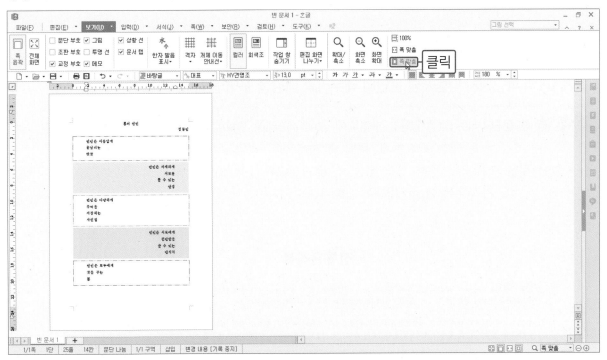

07 서식 도구 상자의 [저장하기(日)]를 클릭해 '시'라는 이름으로 저장합니다.

 지인들의 창작 시나 자작 시를 모아 다양하게 꾸며 봅니다. '06장. 동화책 만들기'에서 배우는 '인쇄' 기능을 활용하면 시집을 만들 수도 있습니다.

01 '전통혼례복.hwp'를 불러와서 다음처럼 문단 모양을 변경해 봅니다.

준비파일 전통혼례복.hwp

- 왼쪽 여백 : 20pt
- 오른쪽 여백 : 20pt
- 첫 줄 : 내어쓰기, 10pt
- 줄 간격 : 150%

전통혼례복

① 활옷 : 원래는 궁중에서 의식이 있을 때에 왕비가 입던 대례복이었으나, 후에는 서민의 혼례복으로도 사용되었다. 활옷은 홍색비단에 청색으로 안을 받쳐서 만들었는데 이는 청색(여성)과 홍색(남성)의 화합을 의미하는 것이다.

② 원삼 : 고려시대부터 대례복으로 궁중여인들과 신부의 웃옷으로 사용되어 왔다. 황후는 황색, 왕비는 홍색, 비빈은 자색, 공주나 옹주는 녹색원삼을 입었는데, 그 중에서 녹색원삼이 서민층의 혼례식에 사용되었습니다. 민간 원삼에는 금박을 하지 않았다.

③ 대대 : 공단에 심을 넣어 만들어 금박무늬를 찍습니다. 활옷이나 원삼을 입은 뒤 앞가슴께에 대대의 중앙이 오도록 대고 양쪽으로 돌려 뒤에서 묶어 늘어뜨렸다.

④ 스란치마/대란치마 : 스란치마는 소례복에 입고, 대란치마는 대례복에 입던 치마이다. 금박무늬가 찍힌 천을 덧댄 스란단을 한 층 물인 것이 스란치마리고, 두 층 붙인 것이 대란치마이다. 가례나 길례 때는 속에도 남색 스란치마를 입었다.

⑤ 족두리 : 원래 몽고에서 여인들이 외출할 때에 쓰던 일종의 모자였으나. 고려말 우리나라에 들어온 뒤로 모양이 왜소해져 머리장식품으로 변하였다. 영조 때의 가발금지령에 따라 왕비나 세자빈이 칠보족두리를 쓰면서부터 널리 보급되기 시작했는데. 궁중이나 양반집에서 의식용으로 소례복에 족두리를 썼다.

02 문제 **01**의 파일에서 다음처럼 문단의 테두리와 배경을 꾸며 봅니다.

- ① ③ ⑤ 문단 : 테두리(선 없음), 간격(위쪽 '2mm', 아래쪽 '2mm'), 배경(면 색 '오피스 테마-검은 군청 90% 밝게', 무늬 색 '기본 테마-하양', 무늬 모양 '체크무늬')
- ② ④ 문단 : 테두리(선 종류 '원형 점선', 선 굵기 '0.2mm', 색 '오피스 테마-보라'), 간격(위쪽 '2mm', 아래쪽 '2mm')

전통혼례복

① 활옷 : 원래는 궁중에서 의식이 있을 때에 왕비가 입던 대례복이었으나, 후에는 서민의 혼례복으로도 사용되었다. 활옷은 홍색비단에 청색으로 안을 받쳐서 만들었는데 이는 청색(여성)과 홍색(남성)의 화합을 의미하는 것이다.

② 원삼 : 고려시대부터 대례복으로 궁중여인들과 신부의 웃옷으로 사용되어 왔다. 황후는 황색, 왕비는 홍색, 비빈은 자색, 공주나 옹주는 녹색원삼을 입었는데, 그 중에서 녹색원삼이 서민층의 혼례식에 사용되었습니다. 민간 원삼에는 금박을 하지 않았다.

③ 대대 : 공단에 심을 넣어 만들어 금박무늬를 찍습니다. 활옷이나 원삼을 입은 뒤 앞가슴께에 대대의 중앙이 오도록 대고 양쪽으로 돌려 뒤에서 묶어 늘어뜨렸다.

④ 스란치마/대란치마 : 스란치마는 소례복에 입고, 대란치마는 대례복에 입던 치마이다. 금박무늬가 찍힌 천을 덧댄 스란단을 한 층 물인 것이 스란치마리고, 두 층 붙인 것이 대란치마이다. 가례나 길례 때는 속에도 남색 스란치마를 입었다.

⑤ 족두리 : 원래 몽고에서 여인들이 외출할 때에 쓰던 일종의 모자였으나. 고려말 우리나라에 들어온 뒤로 모양이 왜소해져 머리장식품으로 변하였다. 영조 때의 가발금지령에 따라 왕비나 세자빈이 칠보족두리를 쓰면서부터 널리 보급되기 시작했는데. 궁중이나 양반집에서 의식용으로 소례복에 족두리를 썼다.

03 문제 **02**의 파일을 '고전의상.hwp'로 저장해 봅니다.

04 새 문서를 열고 다음처럼 '국기에 대한 맹세'를 입력해 봅니다.

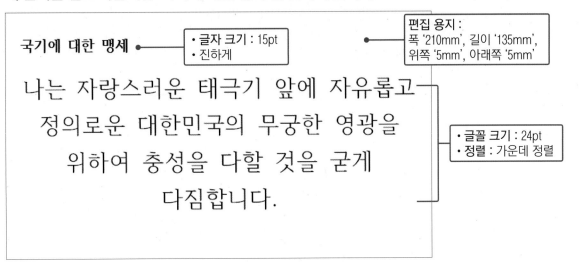

05 문제 **04**의 파일에 다음처럼 문단 첫 글자 장식을 하고 문단 테두리를 꾸며 봅니다.

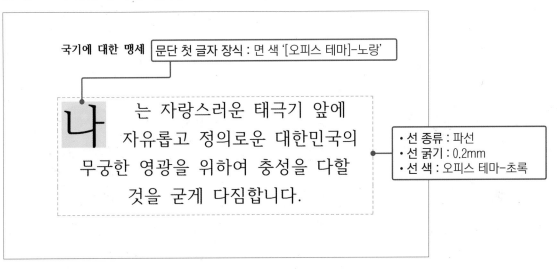

힌트 '문단 첫 글자 장식'은 문단의 첫 글자를 장식할 수 있는 기능으로 한 번에 한 개의 문단에 대해서만 실행할 수 있습니다. 여러 문단을 블록으로 설정하거나 현재 문단을 블록으로 설정한 상태에서는 '문단 첫 글자 장식'을 실행할 수 없습니다.

- 첫 글자를 장식할 문단 위에 커서를 위치하고 [서식] 탭의 ▼를 클릭한 후 [문단 첫 글자 장식]을 선택합니다.
- 모양 중 [2줄(圖)]을 선택하고 [면 색]을 설정한 후 [설정] 버튼을 클릭합니다. 문단 첫 글자만 장식되었습니다.

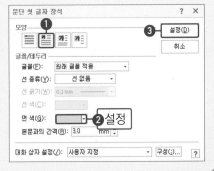

06 문제 **05**의 파일을 '맹세.hwp'로 저장해 봅니다.

05 책갈피 만들기

- 도형 삽입
- 개체 복사
- 그리기마당
- 도형 순서

- 도형 맞춤
- 개체 선택
- 개체 묶기와 풀기
- 색 골라내기

미/리/보/기

📁 완성파일 : 책갈피.hwp

동물 모양 책갈피

이번 장에서는 도형과 그리기마당을 활용하여 나만의 멋진 책갈피를 만들어 봅니다. 더불어 그룹으로 묶어서 이동 및 복사하는 방법, 만들어진 순서와 상관없이 도형의 배치를 변경하는 방법, 도형간 간격을 균등하게 배치하는 방법 등도 함께 공부해 봅니다.

01   도형과 그리기마당 사용하기

▶ 도형

[편집] 탭-[도형()]에서 원하는 도형을 선택하여 편집 창에 드래그하면 도형이 삽입됩니다.

기능 실습   마름모 그리기

사각형을 이용하여 다음과 같이 마름모를 그린 후 글자를 넣어 봅니다.

① 한글을 실행한 후 [편집] 탭-[도형(□)]에서 [직사각형(□)]을 선택합니다. 마우스 포인터의
모습이 '+' 모양으로 변경되면 Shift 키를 누른 채 드래그하여 정사각형을 그립니다.

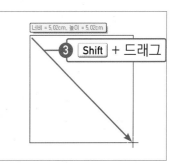

 잠깐   [입력] 탭에서도 원하는 도형을 선택하여 그릴 수 있습니다.

② [도형(□)] 탭-[채우기(□·)]의 □를 클릭한 후 오피스 테마의 '노랑(RGB : 255,255,0)'을 선
택합니다. 정사각형에 노란색으로 채워집니다.

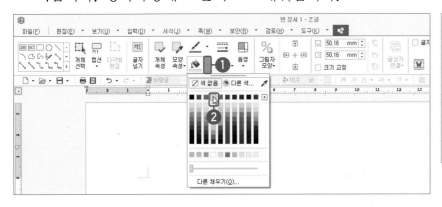
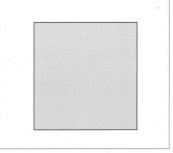

③ [도형(📷)] 탭-[회전(◎)]에서 [개체 회전]을 선택합니다. 개체 중심에 회전 중심점이 생기고 모서리에는 연두색 조절점(◎)이 나타나면 다음과 같이 드래그하여 마름모를 만듭니다.

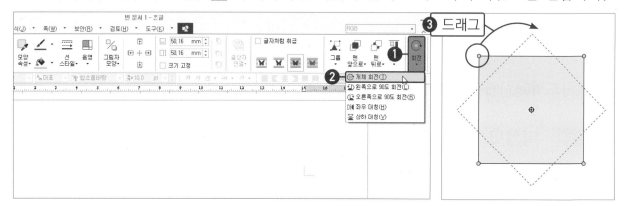

④ 정사각형 안에 글자를 넣기 위해 [도형(📷)] 탭-[글자 넣기(🔠)]를 클릭합니다. 서식 도구 상자에서 [글꼴]은 'HY견고딕', [글자 크기]는 '72pt'로 설정하고 [가운데 정렬(▦)]을 클릭한 후 '1'을 입력합니다.

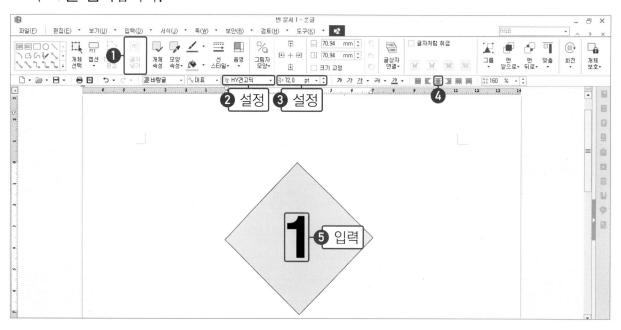

▶ 사용할 도구 알아보기

	도구	설명
📷	도형	도형 이미지 꾸러미에서 원하는 도형을 선택하여 삽입합니다.
🦋	그리기마당	[그리기마당] 대화상자에 등록된 그리기 조각이나 클립아트를 삽입합니다.
🔺	그룹	선택한 여러 개의 개체를 하나로 묶거나 묶어 놓은 개체를 풀어 줍니다.
🔲	맞춤/배분	여러 개체 간의 정렬 기준을 설정하거나 개체 간의 거리 배분 방식을 설정합니다.
▦	선 스타일	개체에 적용할 선 종류 또는 굵기를 선택합니다.

▶ 도형 그리기

01 한글을 실행한 후 [쪽] 탭-[가로(☰)]를 클릭하여 편집 용지를 가로로 변경합니다.

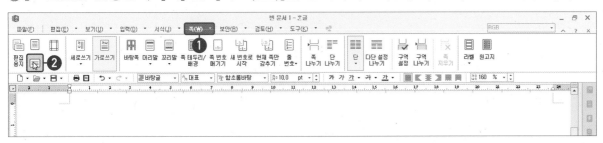

02 [편집] 탭-[도형(▣)]을 클릭한 후 [직사각형(☐)]을 선택합니다.

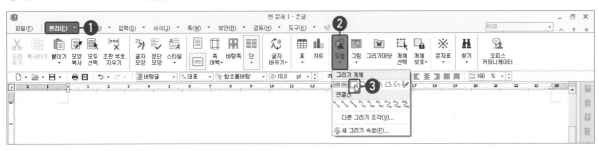

03 마우스 포인터의 모습이 '+' 모양으로 변경됩니다. 다음과 같이 드래그하여 직사각형을 그립니다.

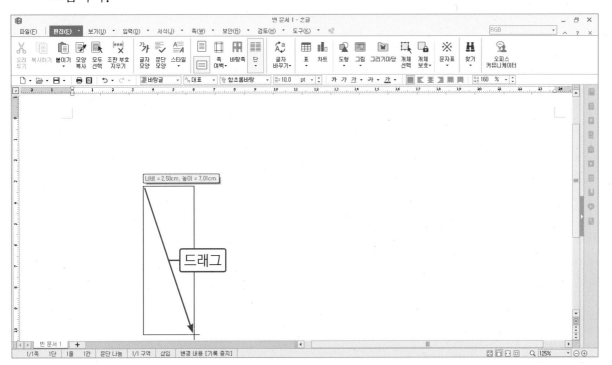

04 [도형(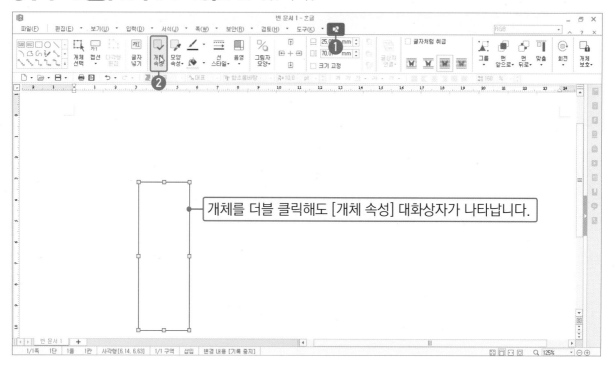)] 탭–[개체 속성]을 클릭합니다.

개체를 더블 클릭해도 [개체 속성] 대화상자가 나타납니다.

 잠깐

개체 탭

문서에 삽입된 개체를 선택하면 개체에 따라 [도형(■)] 탭, [그림(■)] 탭 등의 개체 탭이 표시됩니다.

05 [개체 속성] 대화상자가 나타나면 [선] 탭을 클릭한 후 [사각형 모서리 곡률]에서 '반원(○)' 을 선택합니다.

06 [채우기] 탭을 클릭합니다. [색]에서 [면 색]의 ☐▾을 클릭한 후 오피스 테마의 '주황 (RGB : 255,102,0)'을 선택하고 [설정] 버튼을 클릭합니다. '하얀색 직사각형'이 '모서리가 반원인 주황색 도형'으로 바뀌었습니다.

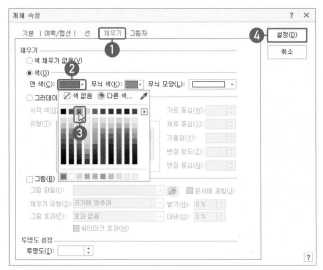
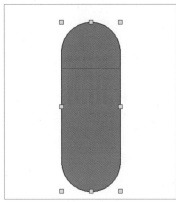

▶ 도형 복사하기

01 [도형(▣)] 탭–[직사각형(☐)]을 선택합니다. '모서리가 반원인 도형' 위를 다음과 같이 드래그하여 직사각형을 삽입합니다.

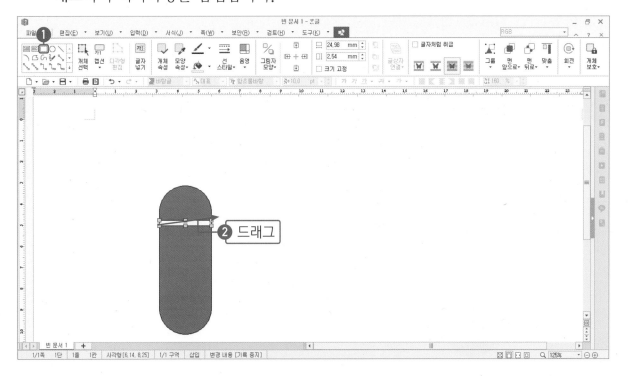

02 [도형(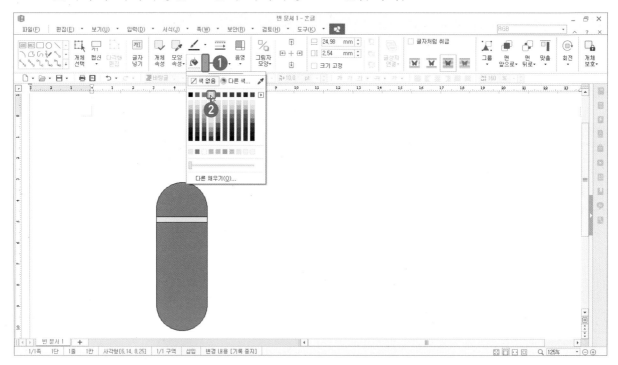)] 탭-[채우기(█ ·)]의 ·를 클릭한 후 오피스 테마의 '노랑(RGB : 255,255,0)'을
선택하여 직사각형을 '노란색 직사각형'으로 만듭니다.

03 '노란색 직사각형'의 테두리 선을 없애기 위해 [도형(█)] 탭-[선 스타일(▦)]을 클릭한 후
[선 종류]-[선 없음]을 선택합니다.

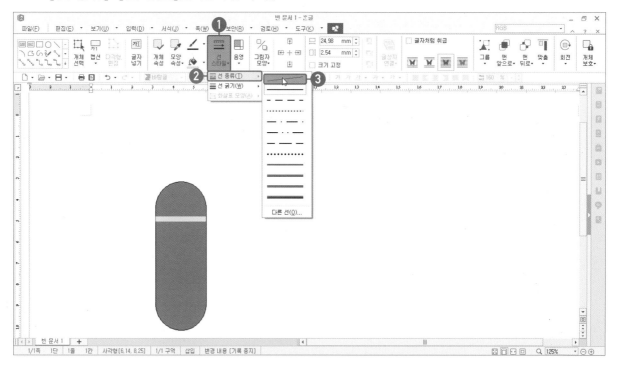

04 '모서리가 반원인 주황색 도형'에 '노란색 직사각형'으로 무늬를 만들기 위해 Ctrl + Shift 키를 누른 채 아래쪽으로 드래그하여 '노란색 직사각형'을 복사합니다. 같은 방법으로 Ctrl + Shift 키를 누른 채 드래그하여 도형을 복사합니다.

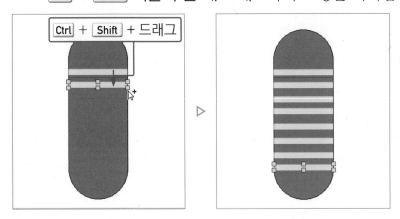

 잠깐
> Ctrl 키를 누른 채 도형을 드래그하면 도형이 복사되는데 Shift 키도 함께 누른 채 도형을 드래그하면 수직 또는 수평으로 복사할 수 있습니다.

05 [도형(📷)] 탭–[개체 선택(🔲)]을 클릭한 후 도형 전체를 포함하도록 대각선 방향으로 드래그합니다. Shift 키를 누른 채 '모서리가 반원인 주황색 도형'을 클릭하여 선택에서 제외합니다. '노란색 직사각형'만 선택한 상태에서 [도형(📷)] 탭–[맞춤(📊)]을 클릭한 후 [세로 간격을 동일하게]를 선택합니다. 세로 간격이 동일하게 조정됩니다.

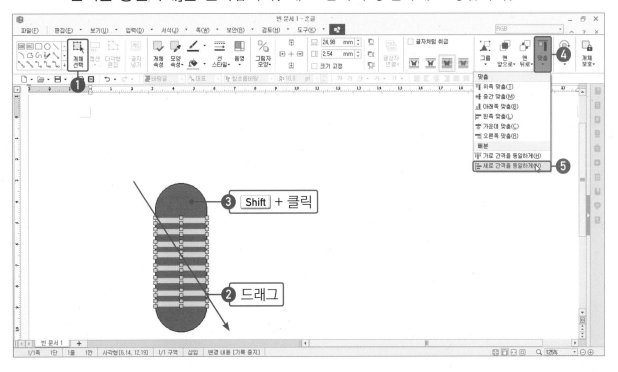

 잠깐
> Shift 키를 누른 채 클릭하면 여러 개의 도형을 선택할 수 있습니다. Shift 키를 누른 채 선택된 개체를 클릭한 경우에는 선택 항목에서 제외됩니다. 선택을 해제할 경우에는 빈 곳을 클릭하거나 Esc 키를 누릅니다.

▶ 그리기 조각 삽입하기

01 [편집] 탭–[그리기마당(🦋)]을 클릭합니다.

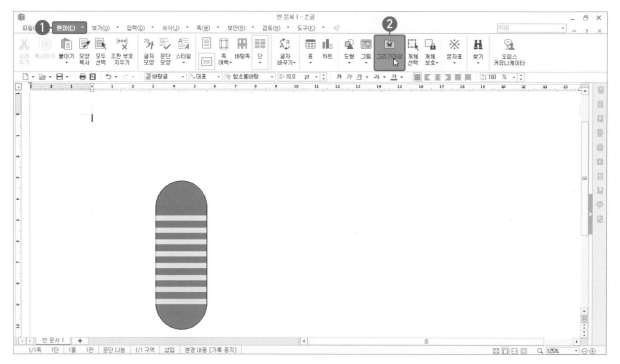

02 [그리기마당] 대화상자가 나타나면 [그리기 조각] 탭을 클릭하고 [선택할 꾸러미]에서 '아이콘(동물)'을 선택한 후 [개체 목록]에서 '쥐'를 선택하고 [넣기] 버튼을 클릭합니다.

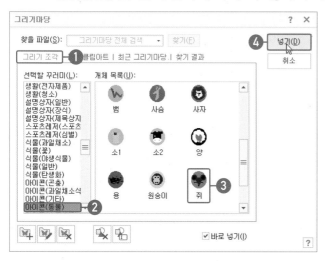

03 '모서리가 반원인 주황색 도형' 위에 드래그하여 다음과 같이 '쥐' 개체를 삽입합니다. [도형(📧)] 탭-[선 색(✏️)]의 ⏷를 클릭한 후 기본 테마의 '검정(RGB : 0,0,0)'을 선택합니다.

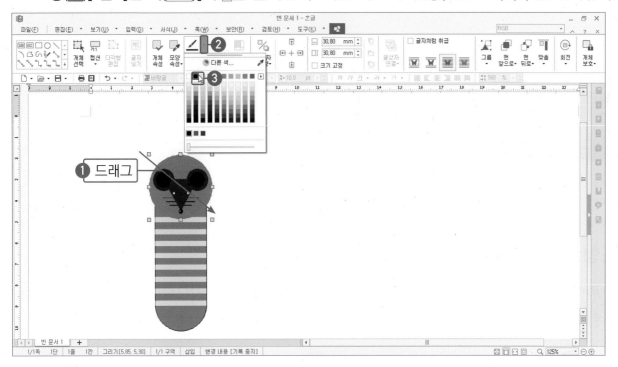

04 나중에 책갈피에 끈을 묶을 수 있는 '흰색 구멍'을 만들기 위해 [도형(📧)] 탭-[타원(◯)]을 클릭한 후 쥐 개체 위에서 Shift 키를 누른 채 드래그하여 원을 삽입합니다. [도형(📧)] 탭-[채우기(🎨)]의 ⏷를 클릭한 후 [다른 색]을 선택합니다.

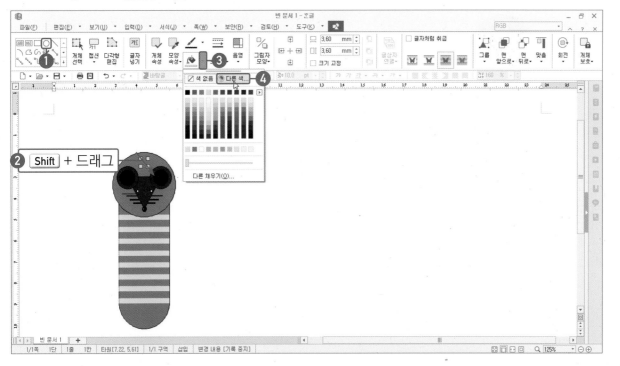

05 [색] 대화상자가 나타나면 [팔레트] 탭에서 '흰색(RGB : 255,255,255)'을 선택한 후 [설정] 버튼을 클릭합니다.

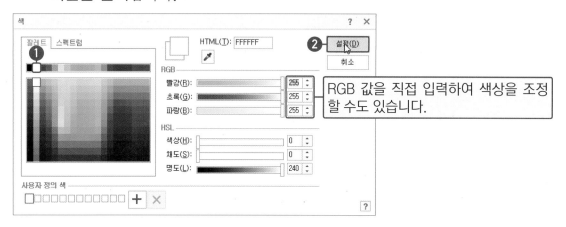

▶ 도형 순서 설정하기

01 원이 선택되어 있지만 보이지 않습니다. [도형(🔳)] 탭-[맨 앞으로(🔳)]에서 [맨 앞으로]를 선택합니다.

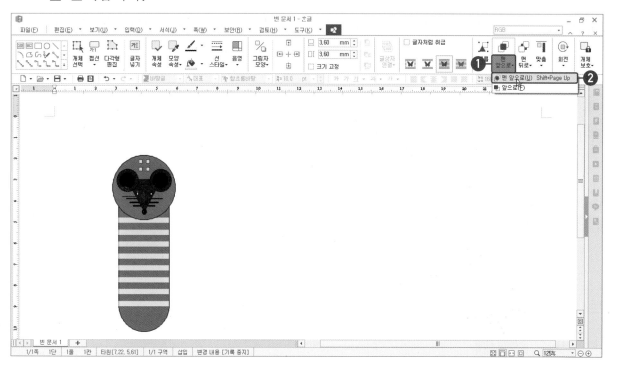

02 '흰색 구멍'이 보입니다.

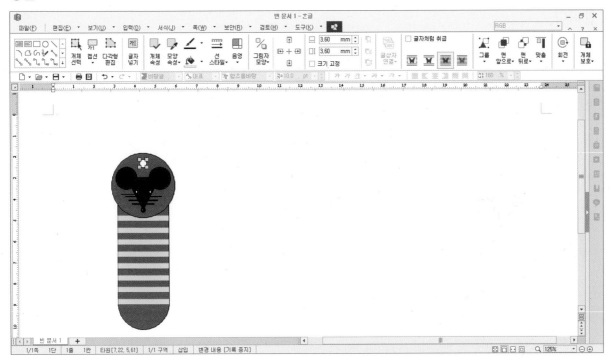

▶ 개체 묶기

01 개체를 선택하기 위해 [도형(📊)] 탭-[개체 선택(🔲)]을 클릭한 후 다음과 같이 드래그하여
모두 선택합니다. [도형(📊)] 탭-[맞춤(📐)]을 클릭한 후 [가운데 맞춤]을 선택합니다. 개
체들이 가운데 맞춤으로 정렬됩니다.

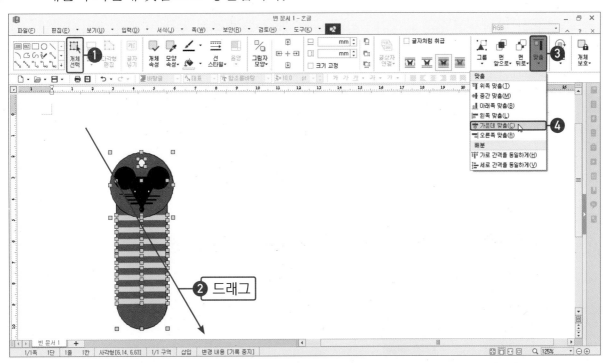

02 선택된 개체를 그룹화하기 위해 [도형()] 탭-[그룹()]을 클릭한 후 [개체 묶기]를 선택합니다.

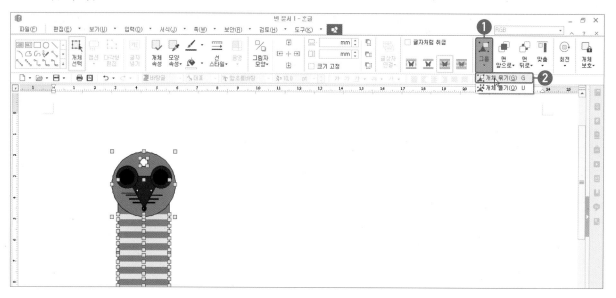

03 개체 묶기를 실행하겠냐는 메시지가 나타나면 [실행] 버튼을 클릭합니다.

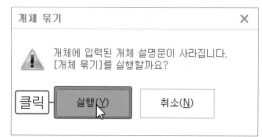

04 개체 묶음이 되었으면 Ctrl + Shift 키를 누른 채 오른쪽으로 드래그하여 복사합니다. 같은 방법으로 2개 더 복사합니다.

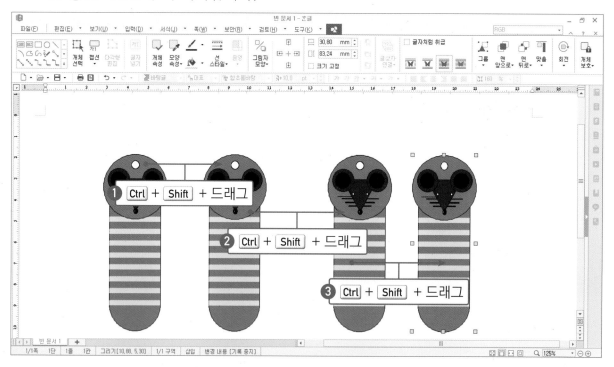

05 [도형(⬛)] 탭-[개체 선택(⬛)]을 클릭한 후 다음과 같이 드래그하여 개체를 모두 선택합니다. [도형(⬛)] 탭-[맞춤(⬛)]을 클릭한 후 [가로 간격을 동일하게]를 선택합니다.

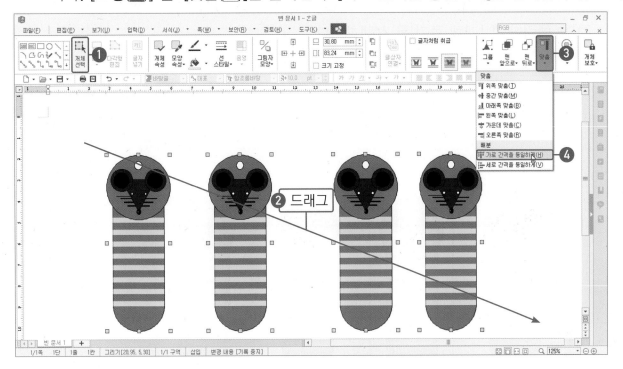

06 사이 간격이 균일하게 조정되었습니다.

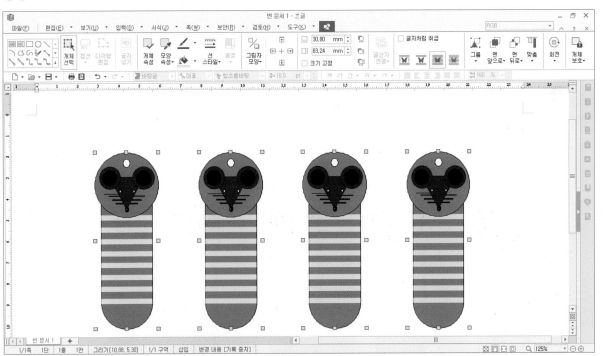

▶ 개체 풀기

01 Esc 키를 눌러 선택을 해제한 후 '두 번째 개체 묶음'을 선택합니다. [도형(▣)] 탭–[그룹
(▣)]을 클릭한 후 [개체 풀기]를 선택합니다.

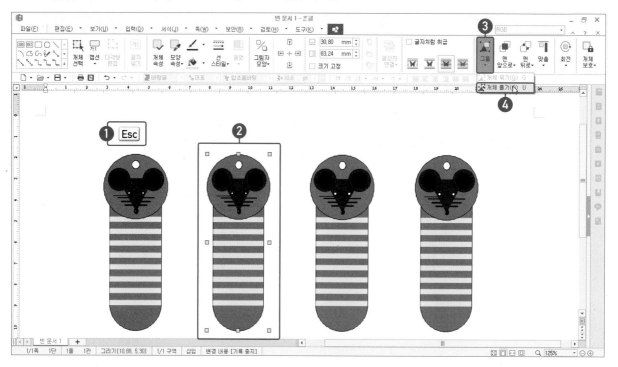

02 Esc 키를 눌러 선택을 해제한 후 '쥐' 개체를 선택한 후 Delete 키를 눌러 삭제합니다.

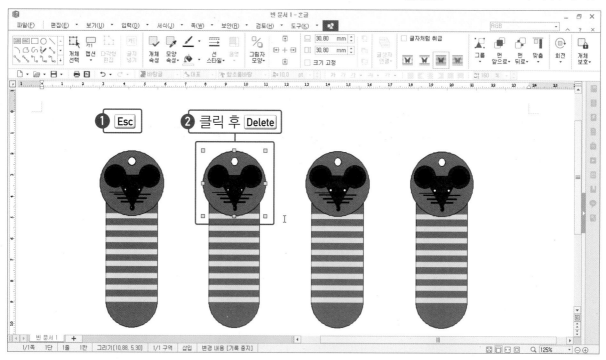

▶ 색 골라내어 적용하기

01 새로운 그리기 조각을 불러오기 위해 [편집] 탭-[그리기마당(🖼)]을 클릭합니다.

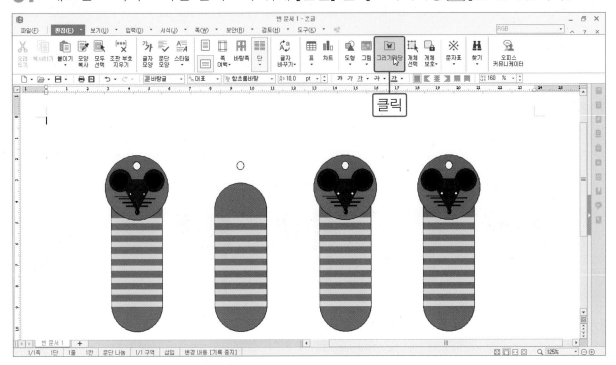

02 [그리기마당] 대화상자가 나타나면 [그리기 조각] 탭을 클릭하고 '아이콘(동물)' 꾸러미를 선택한 후 [개체 목록]에서 '돼지'를 선택하고 [넣기] 버튼을 클릭합니다.

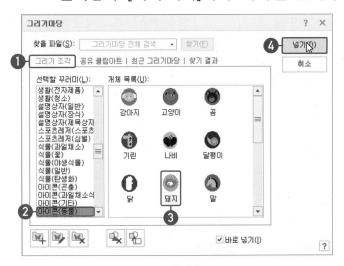

03 다음과 같이 드래그하여 '돼지' 개체를 삽입한 후 [도형(■)] 탭–[선 색(✎·)]의 아이콘 부분(✎)을 클릭하여 개체의 선 색을 검정으로 설정합니다. '흰색 구멍'을 보이게 하기 위해 '돼지' 개체가 선택되어 있는 상태에서 [도형(■)] 탭–[맨 뒤로]를 클릭한 후 [뒤로]를 선택합니다.

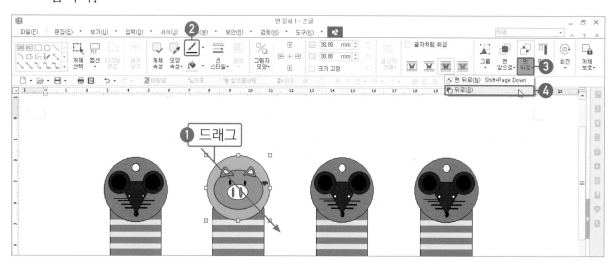

 잠깐 앞의 과정에서 '쥐' 개체의 테두리 선 색을 설정할 때 이미 '검정'으로 설정했기 때문에 선 색의 정보가 남아 있습니다. 아이콘 그림 아래쪽을 보면 설정되어 있는 선 색을 알 수 있습니다.

▲ 검정   ▲ 루비색   ▲ 노른자색

04 '돼지' 개체 아래의 '모서리가 반원인 주황색 도형'을 클릭한 후 [도형(■)] 탭–[채우기(●·)]의 ▾를 클릭하고 [색 골라내기(✐)]를 선택합니다. 마우스 포인터의 모습이 스포이드 모양으로 변경되면 '돼지' 개체의 바탕 부분을 클릭합니다.

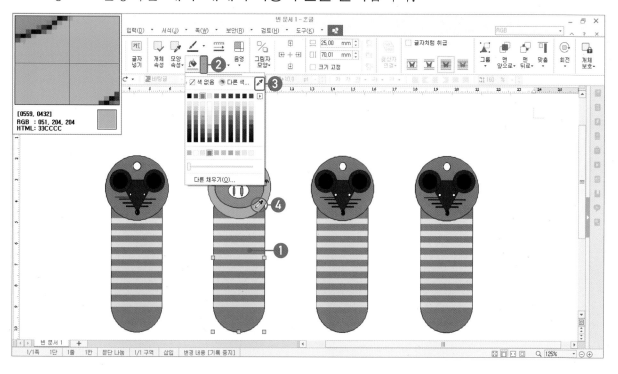

05 선택되어 있던 도형의 색이 변경됩니다. 나머지 두 개체 묶음들도 같은 방법으로 그리기 조각을 '소' 개체와 '말' 개체로 변경하고 아래쪽 도형의 색을 변경합니다. '노란색 직사각형'은 모두 삭제하고 타원 도형으로 '흰색 원'을 그려서 꾸며 봅니다.

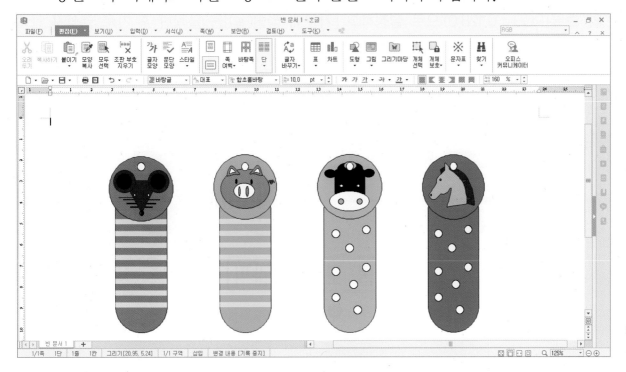

▶ 글상자로 제목 입력하기

01 [편집] 탭-[도형(🖼)]을 클릭한 후 [가로 글상자(▦)]를 선택합니다.

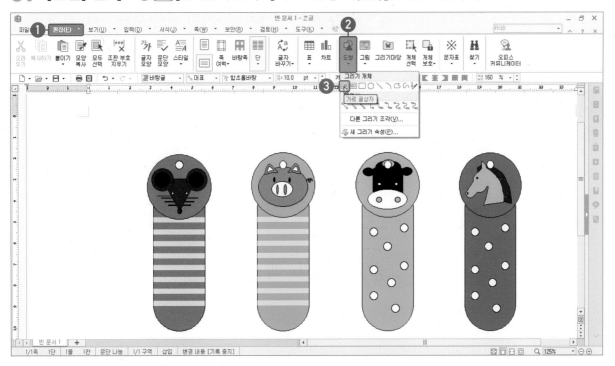

02 책갈피 아래쪽에 드래그하여 '가로 글상자'를 삽입합니다.

03 서식 도구 상자에서 [글꼴]은 '한컴 윤체 L', [글자 크기]는 '32pt', [글자 색]은 오피스 테마의 '초록(RGB : 0,128,0)'으로 설정하고 [가운데 정렬(▤)]을 클릭한 후 가로 글상자 안에 '동물 모양 책갈피'라고 입력합니다.

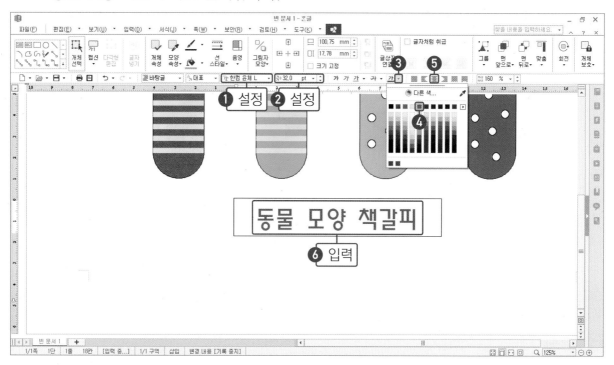

04 '가로 글상자'의 테두리 선을 없애기 위해 [도형(▨)] 탭-[선 스타일(▤)]을 클릭한 후 [선 종류]-[선 없음]을 선택합니다.

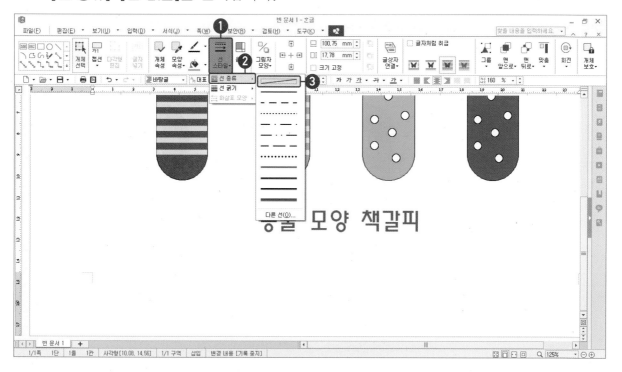

05 서식 도구 상자에서 [저장하기(▤)]를 클릭해 '책갈피'라는 이름으로 저장합니다.

01 그리기마당을 이용하여 다음과 같은 별 모양을 작성한 후 '별.hwp'로 저장해 봅니다.

- 그리기마당 : 포인트가 5개인 별
- 채우기 : 그라데이션(하늬바람, 원형)
- 그림자 모양 : 오른쪽 뒤

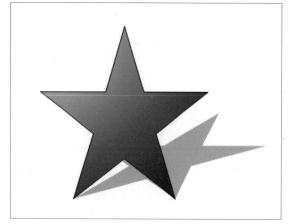

 힌트

- 별 모양 : [그리기마당] 대화상자의 '별 및 현수막' 꾸러미에서 선택
- 그러데이션으로 채우기 : [도형(🖼)] 탭–[채우기(🎨)]의 ▾를 클릭 → [다른 채우기]를 선택 → [개체 속성] 대화상자에서 [채우기] 탭의 [그러데이션]을 클릭 → [유형]에서 '하늬바람' 선택

02 도형을 이용하여 다음과 같이 작성한 후 '마름모글상자.hwp'로 저장해 봅니다.

- 색 : 오피스 테마–보라(RGB:128,0,128),
  오피스 테마–주황(RGB:255,102,0),
  오피스 테마–노랑(RGB:255,255,0),
  오피스 테마–파랑(RGB:0,0,255)
- 선 굵기 : 0.4mm
- 글자 모양 : 함초롬바탕, 24pt, 진하게

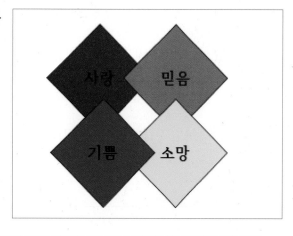

 힌트

도형 배치 : 보라색 도형 → 주황색 도형 → 노란색 도형 → 파란색 도형 순서로 앞에 배치

06 동화책 만들기

- 찾기
- 찾아 바꾸기
- 인쇄 모아 찍기
- 인쇄 소책자 모양으로 찍기

준비파일 : 동화.hwp
완성파일 : 동화주인공.hwp

미/리/보/기

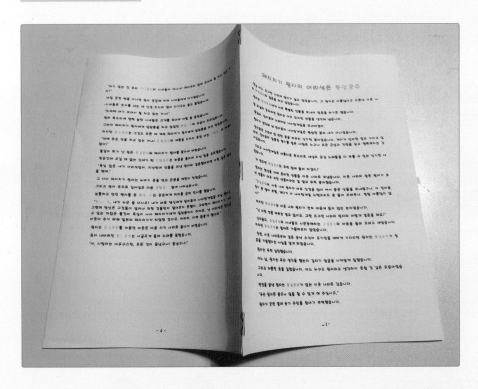

한글에서는 문서 내의 특정 낱말을 한꺼번에 찾거나 원하는 낱말로 바꿀 수 있습니다. 특정한 낱말에 서식을 설정하여 한꺼번에 바꿀 수도 있습니다. 이번 장에서는 동화 속의 주인공을 변경하고 인쇄하여 책처럼 만드는 방법을 알아보겠습니다.

문서에서 단어 찾기

▶ 찾기

한글에서의 '찾기' 기능은 기본적으로 현재 편집하고 있는 문서에서 특정한 낱말을 찾아 줍니다. '선택 사항'에서 찾을 조건을 지정하면 더욱 자세하고 다양한 찾기를 수행할 수 있습니다.

기능 실습 원하는 낱말 찾기

'민속 놀이.hwp' 파일을 불러와 문서 내의 띄어쓰기를 무시한 '민속 놀이' 낱말을 모두 찾아봅니다.

① 한글을 실행한 후 서식 도구 상자에서 [불러오기(📂)]를 클릭합니다.

② [불러오기] 대화상자가 나타나면 '민속 놀이.hwp'를 선택한 후 [열기] 버튼을 클릭합니다.

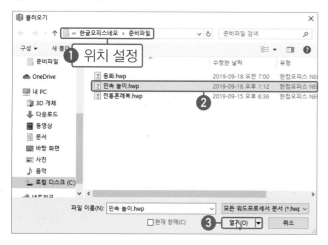

③ 제목 앞을 클릭한 후 [편집] 탭-[찾기(찾기)]를 클릭하고 [찾기]를 선택합니다.

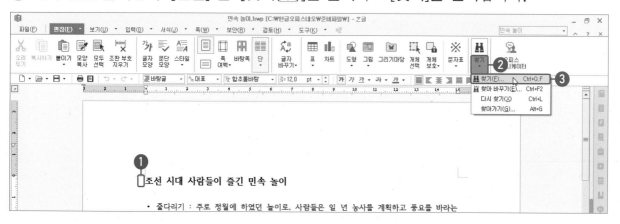

④ [찾기] 대화상자가 나타나면 [찾을 내용]에 '민속 놀이'라고 입력합니다. [선택 사항]에서 '띄어쓰기 무시'에 체크한 후 [찾을 방향]은 '문서 전체'를 선택하고 [다음 찾기] 버튼을 클릭합니다.

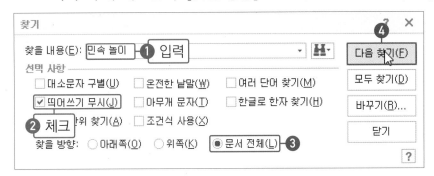

 실행 범위
현재 커서의 위치에서 [찾을 방향]이 '아래쪽'이면 문서의 끝까지 찾고, '위쪽'이면 문서의 처음까지 찾은 후 나머지 부분에서도 계속 찾을지 사용자에게 확인합니다. [찾을 방향]을 '문서 전체'로 선택하면 현재 커서의 위치부터 문서의 끝까지 찾은 다음 이어서 문서의 처음부터 현재 커서 위치까지 찾습니다.

⑤ 찾은 낱말은 블록 형태로 표시합니다. [다음 찾기] 버튼을 클릭합니다.

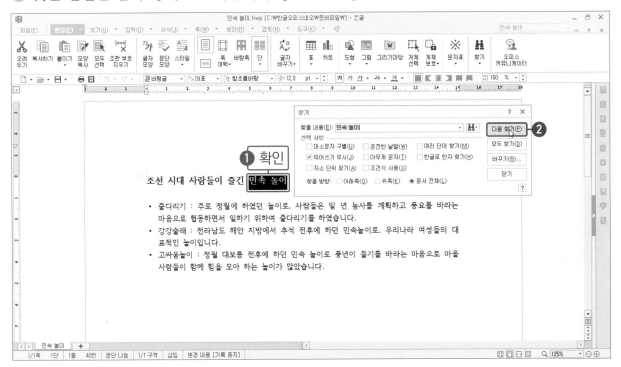

6 이번에는 띄어쓰기를 무시한 '민속놀이'를 찾아 표시합니다. [다음 찾기] 버튼을 클릭합니다.

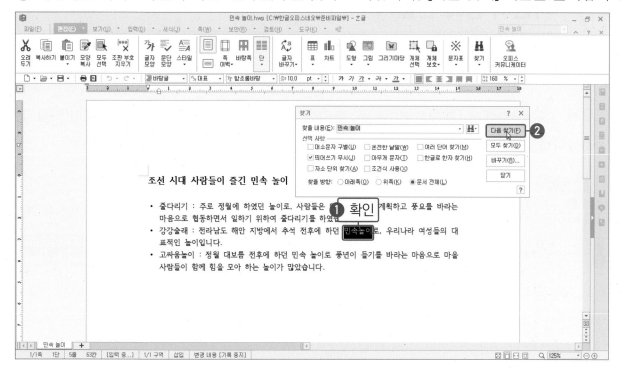

7 계속해서 [다음 찾기] 버튼을 클릭하여 문서 전체에서 낱말을 찾아주면 더 이상 찾는 내용이 없다는 메시지가 표시됩니다. [확인] 버튼을 클릭한 후 [찾기] 대화상자에서 [닫기] 버튼을 클릭합니다.

▶ 사용할 도구 알아보기

	도구	설명
H	찾기	문서에서 원하는 낱말을 찾습니다.

나만의 동화 만들기

▶ 찾기

01 서식 도구 상자에서 [불러오기(📁)]를 클릭한 후 '동화.hwp'를 선택하고 [열기] 버튼을 클릭합니다.

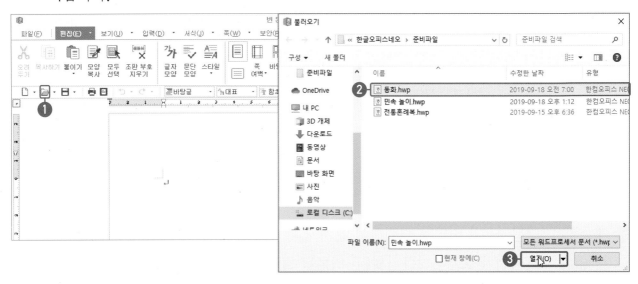

02 주인공을 바꾸기 위해 제목 앞을 클릭하고 [편집] 탭-[찾기(찾기)]에서 [찾기]를 선택합니다.

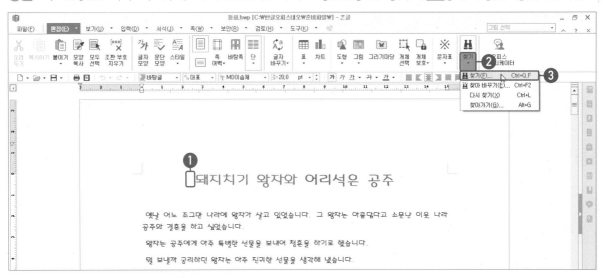

 찾기

[찾기]에서는 현재 있는 문서에서 특정한 낱말을 찾습니다. 바로 가기 키는 Ctrl + F 입니다. [찾아 바꾸기]에서는 찾은 낱말을 원하는 낱말로 바꿉니다. 찾은 낱말을 다시 찾을 때는 [다시 찾기]를 선택합니다. [찾아가기]를 사용하면 '쪽', '구역', '줄', '스타일', '조판 부호', '책갈피' 등을 찾을 수 있습니다.

03 [찾기] 대화상자가 나타나면 [찾을 내용]에는 '공주'라고 입력하고 [찾을 방향]은 '아래쪽' 으로 설정한 후 [다음 찾기] 버튼을 클릭합니다.

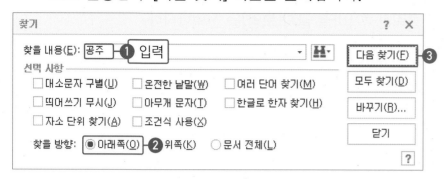

04 커서 위치의 아래쪽에서 나타나는 첫 '공주'를 찾아줍니다. 계속해서 '공주'를 찾으려면 [다음 찾기] 버튼을 클릭하여 찾을 수 있습니다.

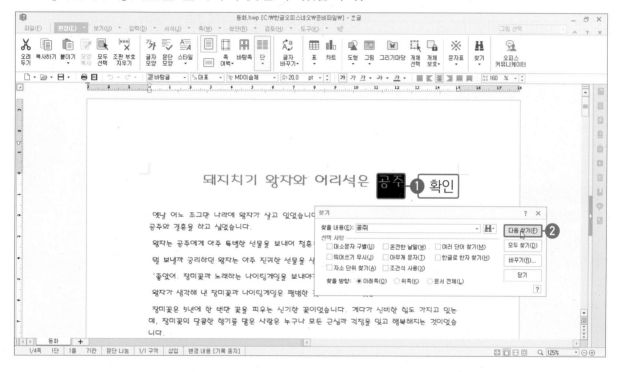

▶ 바꾸기

01 [찾기] 대화상자에서 찾은 '공주'를 다른 내용으로 변경하기 위해 [바꾸기] 버튼을 클릭합 니다.

02 [찾아 바꾸기] 대화상자로 변경되면 [바꿀 내용]에 '*본인이름 공주*'로 입력합니다. [선택 사항]에서 '조사 자동 교정'을 체크하고 [찾을 방향]은 '문서 전체'로 설정합니다. [바꿀 내용]의 [서식 찾기(**H·**)]를 클릭한 후 [바꿀 글자 모양]을 선택합니다.

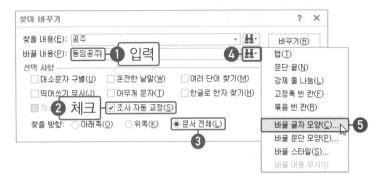

03 [글자 모양] 대화상자가 나타나면 [글꼴]은 'HY엽서M', [속성]은 '진하게(**가**)', [글자 색]은 오피스 테마의 '파랑(RGB : 0,0,255)'으로 설정한 후 [설정] 버튼을 클릭합니다.

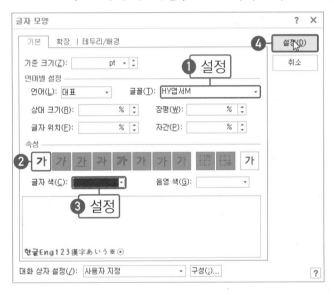

04 [찾아 바꾸기] 대화상자의 [바꾸기] 버튼을 클릭합니다.

05 '공주'가 설정한 서식이 적용된 '본인이름 공주'로 바뀝니다. [찾아 바꾸기] 대화상자에서 [모두 바꾸기] 버튼을 클릭합니다.

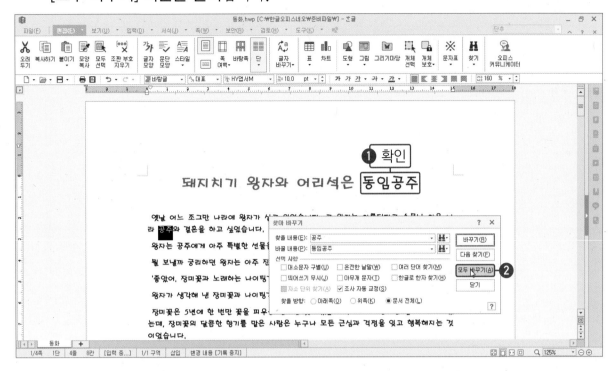

06 문서 전체에서 몇 번 바꾸었는지 알려주는 메시지가 표시됩니다. [확인] 버튼을 클릭합니다. 문서 전체에서 찾아 바꾸기가 완료되었으면 [닫기] 버튼을 클릭합니다.

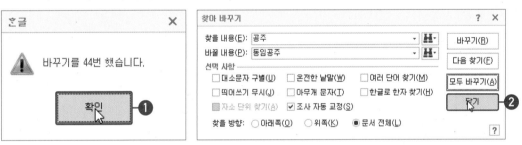

[찾기] 대화상자에서 [찾을 내용]을 입력한 후 [모두 찾기] 버튼을 클릭하면 찾고자 하는 단어의 개수와 위치를 확인할 수 있습니다.

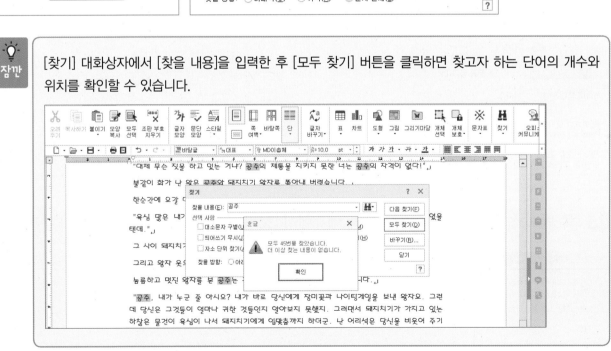

▶ 쪽 번호 매기기

01 [쪽] 탭–[쪽 번호 매기기( )]를 클릭합니다.

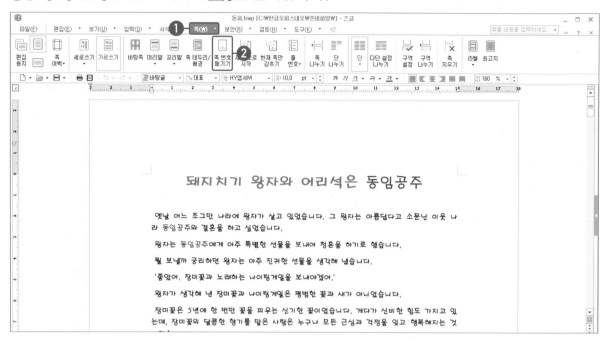

02 [쪽 번호 매기기] 대화상자가 나타나면 [번호 위치]는 '가운데 아래'로 설정하고 [번호 모양]은 '1,2,3'으로 설정한 후 [넣기] 버튼을 클릭합니다.

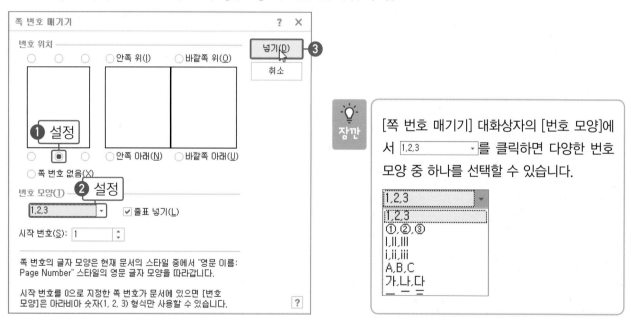

[쪽 번호 매기기] 대화상자의 [번호 모양]에서 1,2,3 를 클릭하면 다양한 번호 모양 중 하나를 선택할 수 있습니다.

03 쪽 번호 설정 상태를 확인하기 위해 메뉴에서 [보기] 탭–[쪽 맞춤]을 클릭합니다.

04 쪽 맞춤으로 설정되면서 여러 쪽을 한꺼번에 볼 수 있습니다. 각 쪽의 아래쪽을 보면 가운데에서 쪽 번호를 확인할 수 있습니다. [보기] 탭–[100%]를 클릭합니다.

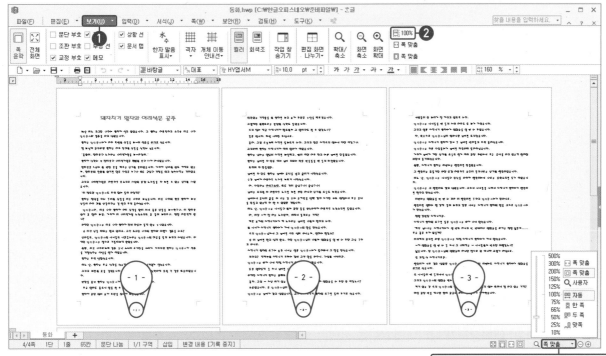

클릭하면 보기 방식을 설정할 수 있습니다.

05 편집 화면이 실제 용지의 크기로 보이는 것을 확인합니다. 서식 도구 상자에서 [저장하기(🖫▾)]의 ▾를 클릭한 후 [다른 이름으로 저장하기]를 선택하여 '동화주인공'이라는 이름으로 저장합니다.

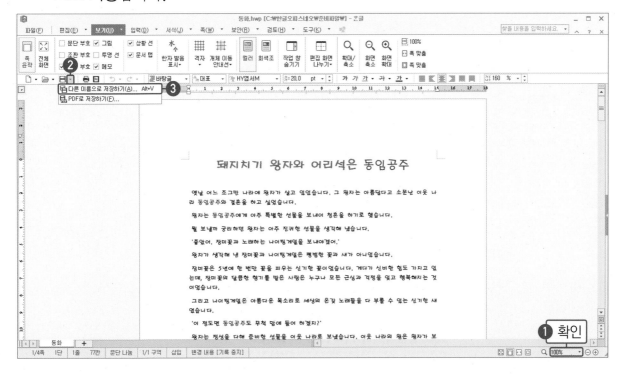

찾아가기

❶ [편집] 탭-[찾기(찾기)]에서 [찾아가기]를 선택합니다.

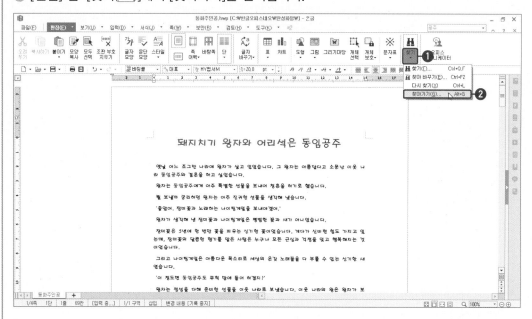

❷ [찾아가기] 대화상자가 나타나면 [쪽]을 선택한 후 '3'을 입력하고 [가기] 버튼을 클릭합니다.

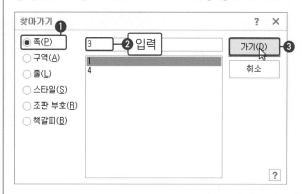

❸ 스크롤을 내리지 않아도 '3'쪽으로 바로 이동합니다.

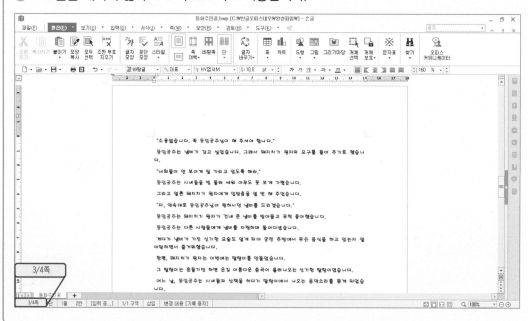

▶ 모아 찍어서 인쇄하기

01 [쪽] 탭-[편집 용지(圖)]를 클릭합니다.

02 [편집 용지] 대화상자가 나타나면 [제본]에서 '맞쪽'을 선택한 후 [설정] 버튼을 클릭합니다.

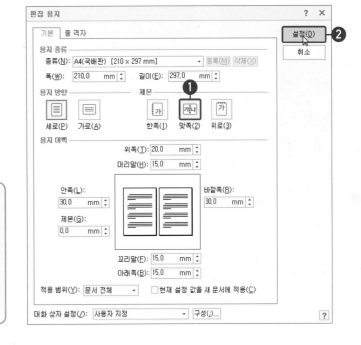

잠깐

제본을 '맞쪽'으로 선택하면 홀수 쪽과 짝수 쪽에 따라 왼쪽 여백과 오른쪽 여백이 바뀌기 때문에 [용지 여백]에서 '왼쪽'과 '오른쪽'으로 표현된 부분이 '안쪽'과 '바깥쪽'으로 변경됩니다.

03 서식 도구 상자에서 [인쇄(圖)]를 클릭합니다.

04 [인쇄] 대화상자가 나타나면 [인쇄 범위]는 '문서 전체'로 [인쇄 방식]은 '모아 찍기'에 '2쪽씩'으로 설정합니다. 인쇄 전에 상태를 확인하기 위해 [미리 보기] 버튼을 클릭합니다.

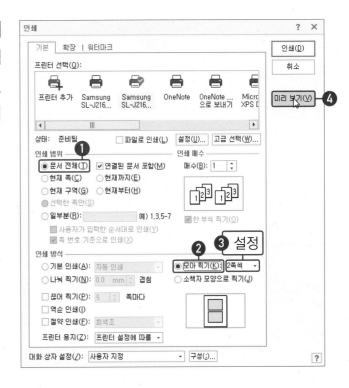

05 미리 보기 화면에 한 용지 안에 2쪽씩 배치되어 있는 것을 확인합니다. 이상이 없으면 [미리 보기] 탭-[인쇄(🖨)]를 클릭합니다.

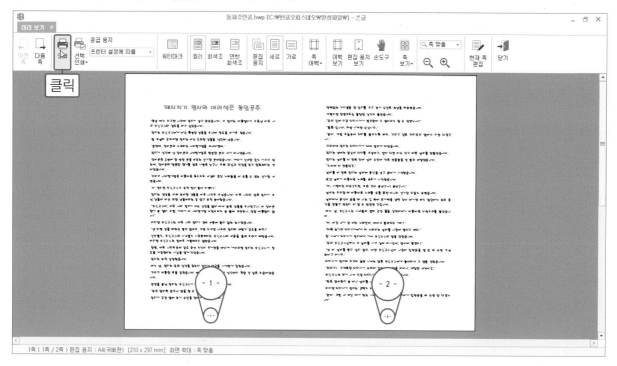

06 [인쇄] 대화상자가 나타나면 [인쇄] 버튼을 클릭합니다. 미리 보기 화면에서 본 것처럼 인쇄물이 출력되는 것을 확인할 수 있습니다.

07 다음과 같이 인쇄물의 중간을 접은 후 스템플러를 찍어 책처럼 만듭니다.

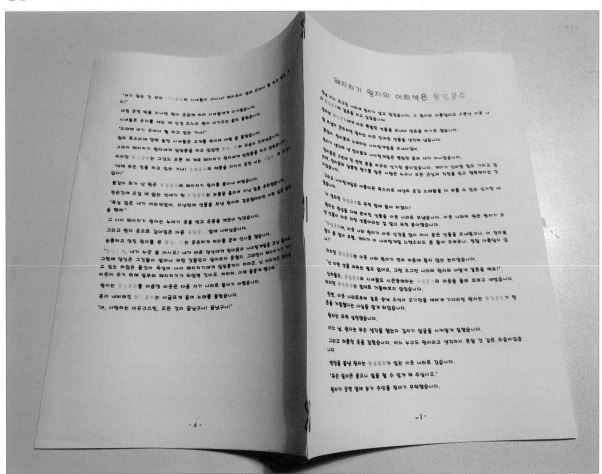

▶ 소책자 모양으로 찍기

01 서식 도구 상자에서 [인쇄(🖶)]를 클릭합니다.

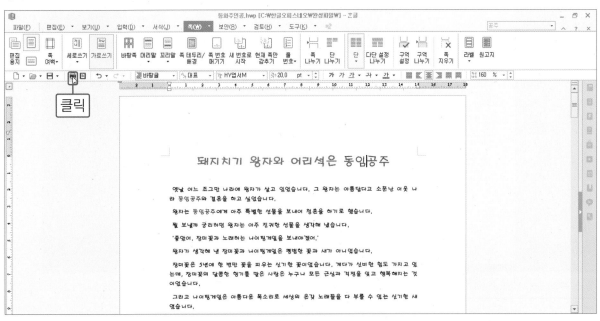

02 [인쇄] 대화상자가 나타나면 [인쇄 방식]을 '소책자 모양으로 찍기'로 설정하고 [미리 보기] 버튼을 클릭합니다.

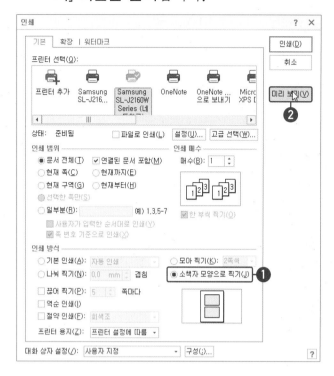

'소책자 모양으로 찍기'는 양면으로 인쇄되기 때문에 1장에 4페이지가 인쇄됩니다. 따라서, 자동 양면으로 설정된 경우에만 활성화되며 프린터가 양면으로 설정되지 않거나 수동 양면으로 설정된 경우에는 비활성화됩니다.

03 미리 보기 화면이 나타납니다. '모아 찍기'처럼 한 용지 안에 두 쪽씩 배치되어 있지만 배치된 페이지가 다른 것을 알 수 있습니다. Esc 키를 누르거나 [미리 보기] 탭-[닫기(⏏)]를 클릭하여 편집 화면으로 되돌아갑니다.

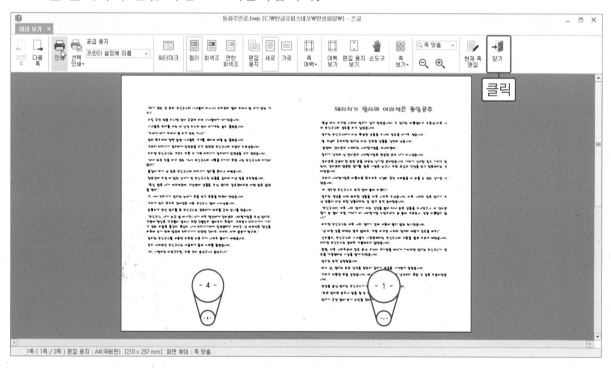

01 문서마당에서 '단풍잎 편지지'를 불러와서 누름틀 안에 다음처럼 편지를 입력하고 글꼴은 'MD아롱체', 글자 크기는 '15pt'로 설정해 봅니다.

TO: 사랑하는 소영에게

안녕 소영이!!!

깜꾸러기 소영이...
웃는모습이 너무 예쁜 소영이

늘 아침에 일어나기 힘들어 하면서도 3학년이 돼서는 학교까지 걸어서 가고 정말 우리 소영이 많이 컸구나 싶다.

전보다 짜증내는 횟수는 많이 줄었지만, 아직도 종종 짜증낼 때면 미울 때도 있단다.

이제 2021년도 얼마 남지 않았구나.... 소영이가 10살이 되었다고 좋아하던 때가 엊그제 같은데 벌써 11살이 되고 학교에서도 고학년이 되는구나.

내년에는 더 씩씩하고 건강하고 예쁜 아이로 자라날 수 있길 엄마는 바란다. 사랑한다 소영이!!

FROM: 엄마로부터

02 '소영'이를 찾아서 본인과 관련된 사람의 이름으로 모두 바꾸어 봅니다.

• 글꼴 : HY엽서M   • 글자 색 : 오피스 테마–초록(RGB : 0,128,0)

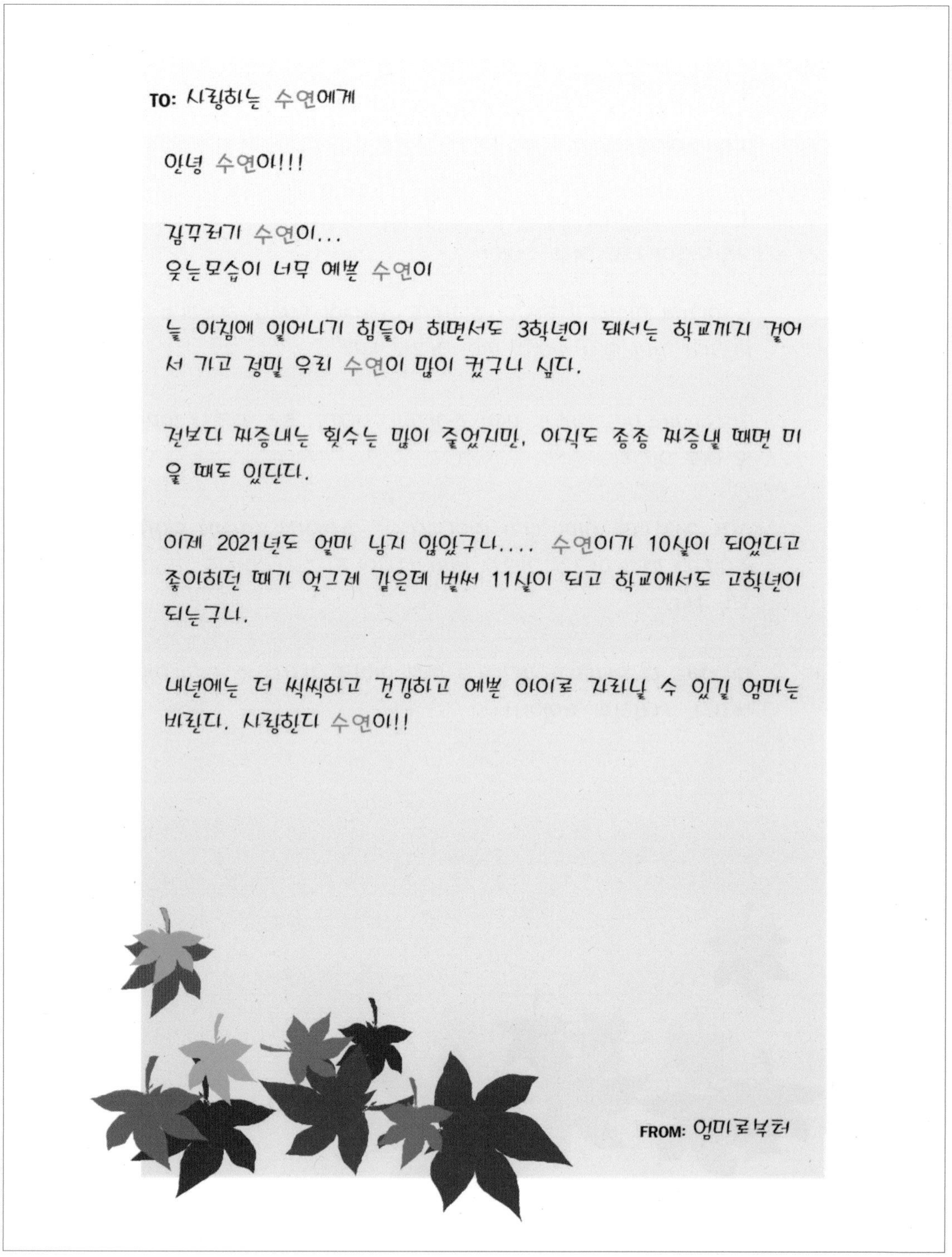
TO: 사랑하는 수연에게

안녕 수연아!!!

잠꾸러기 수연이...
웃는모습이 너무 예쁜 수연이

늘 아침에 일어나기 힘들어 하면서도 3학년이 돼서는 학교까지 걸어서 가고 정말 우리 수연이 많이 컸구나 싶다.

전보다 짜증내는 횟수는 많이 줄었지만, 아직도 종종 짜증낼 때면 미울 때도 있단다.

이제 2021년도 얼마 남지 않았구나.... 수연이가 10살이 되었다고 좋아하던 때가 엊그제 같은데 벌써 11살이 되고 학교에서도 고학년이 되는구나.

내년에는 더 씩씩하고 건강하고 예쁜 아이로 자라날 수 있길 엄마는 바란다. 사랑한다 수연아!!

FROM: 엄마로부터

03 문제 **02**에서 만든 문서를 '편지글.hwp'로 저장해 봅니다.

07 광고지 만들기

- 글맵시 삽입
- 글자처럼 취급
- 그림 삽입

- 글 뒤로 배치
- 쪽 배경 삽입
- 쪽 테두리

📁 준비파일 : 배경.jpg, 컴퓨터.png
📁 완성파일 : 광고지.hwp

미 / 리 / 보 / 기

이번 장에서는 글맵시를 통해 제목글을 꾸미고 그림이나 글상자 등을 삽입한 멋진 광고지를 만들어 보겠습니다. 더불어 자칫 밋밋할 수 있는 용지를 꾸미기 위해 문서 전체에 그림을 삽입하고, 문서에 테두리 선을 추가해 보겠습니다.

01   글맵시로 글자 꾸미기

▶ 글맵시

'글맵시' 기능은 글자를 구부리거나 글자에 외곽선, 면 채우기, 그림자, 회전 등의 효과를 주어
제목글 등을 꾸밀 때 쉽고 빠르게 활용할 수 있습니다.

<u>기능 실습</u> 홍보지 만들기

다음과 같이 경복궁 관람에 관한 홍보지를 글맵시와 그리기마당 기능만을 사용하여 만들어 봅
니다.

① 한글을 실행한 후 [쪽] 탭–[편집 용지(📃)]
를 클릭합니다. [편집 용지] 대화상자
가 나타나면 [폭]은 '210.0mm', [길이]는
'250.0mm'로 설정하고 [설정] 버튼을 클
릭합니다.

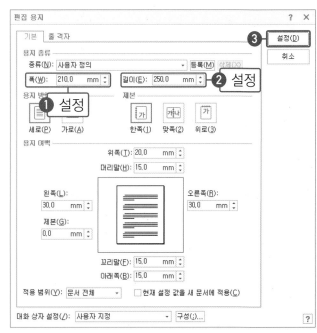

② [입력] 탭–[글맵시(글맵시)]를 클릭하고 [채우기 – 밤색 그러데이션, 연황토색 그림자, 아래로 넓은 원통 모양]을 선택합니다.

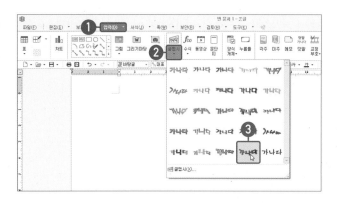

③ [글맵시 만들기] 대화상자가 나타나면 [내용]에 '2024년 경복궁 야간특별관람'이라 입력하고 [설정] 버튼을 클릭합니다.

④ 글맵시가 삽입되면 적당한 크기가 되도록 크기 조절점을 드래그합니다.

⑤ 글맵시를 하나 더 삽입하기 위해 [입력] 탭–[글맵시(글맵시)]를 클릭한 후 [채우기 – 연한 자주색 그러데이션, 역위로 계단식 모양]을 선택합니다.

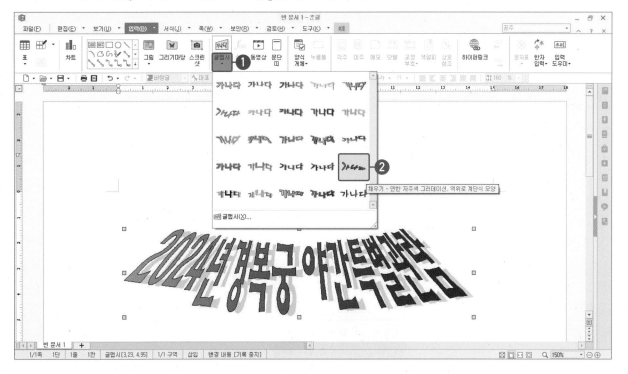

⑥ [글맵시 만들기] 대화상자의 [내용]에 '4월 16일~'을 입력하고 [설정] 버튼을 클릭합니다.

⑦ 제목 글맵시 위에 기간 글맵시를 드래그하여 배치합니다.

⑧ 클립아트를 삽입하기 위해 [입력] 탭-[그리기마당(📷)]을 클릭합니다.

⑨ [그리기마당] 대화상자가 나타나면 [공유 클립아트] 탭을 클릭하고 [선택할 꾸러미]에서 '문화유산'을 클릭한 후 [개체 목록]에서 '경회루'를 선택하고 [넣기] 버튼을 클릭합니다.

⑩ 제목 글맵시 아래에 다음과 같이 드래그하여 경회루 그림을 삽입합니다.

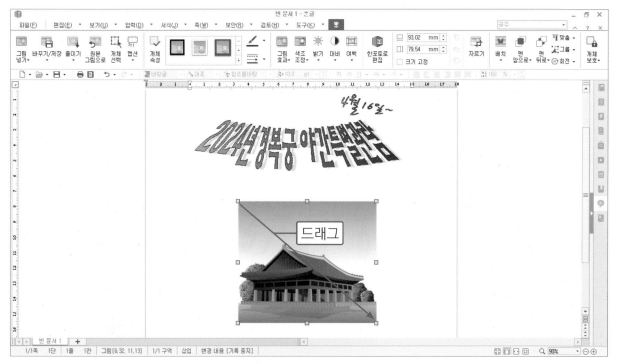

▶ 사용할 도구 알아보기

도구		설명
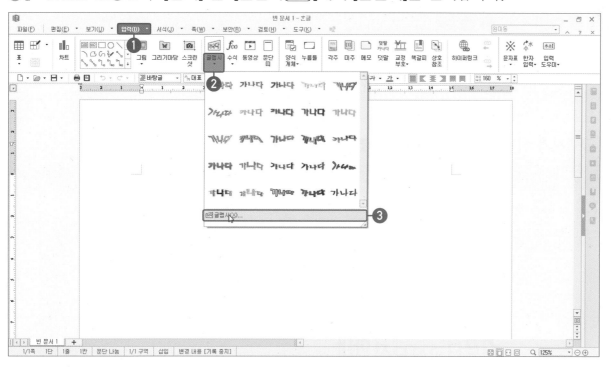	글맵시	글자를 구부리거나 글자에 외곽선, 면 채우기, 그림자, 회전 등의 효과를 주어 글자를 꾸미는 기능입니다.
	쪽 테두리/배경	쪽에 표시할 테두리 또는 배경을 지정합니다.
	그림	그림 파일을 불러와서 문서에 삽입합니다.

02 모집 전단지 만들기

▶ 글맵시 만들기

01 한글을 실행한 후 [입력] 탭–[글맵시(글맵시)]에서 [글맵시]를 선택합니다.

02 [글맵시 만들기] 대화상자가 나타나면 [내용]에 '컴퓨터교실 모집 안내'라고 입력한 후 [글꼴]은 'HY헤드라인M'으로 설정합니다. [글맵시 모양]의 ▧을 클릭하고 [위쪽 수축 (▧)]을 선택한 후 [설정] 버튼을 클릭합니다.

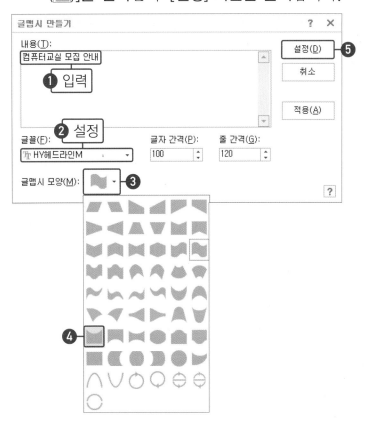

03 글맵시가 선택된 상태에서 [글맵시(A)] 탭-[개체 속성(▢)]을 클릭합니다.

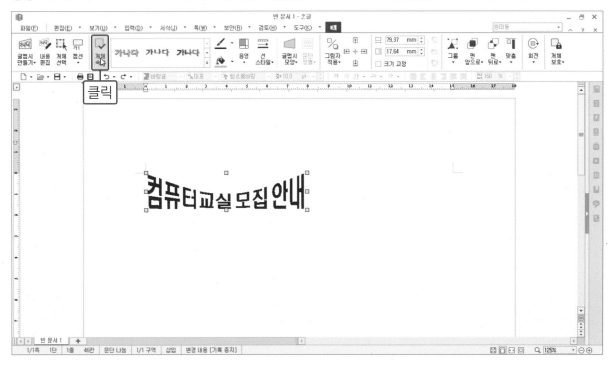

04 [개체 속성] 대화상자가 나타나면 [기본] 탭에서 [너비]는 '143.08mm', [높이]는 '34.01mm'로 설정하고 [위치]의 '글자처럼 취급'에 체크합니다. [선] 탭을 클릭한 후 [색]은 기본 테마의 '검정(RGB : 0,0,0)', [종류]는 '실선', [굵기]는 '0.5mm'로 설정합니다.

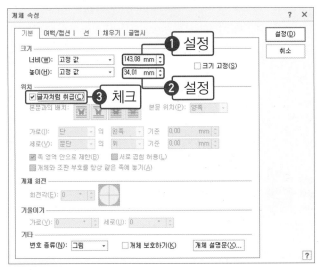
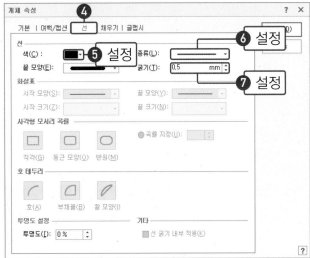

 잠깐

글자처럼 취급
[위치]의 '글자처럼 취급' 속성을 적용한 경우 글맵시 개체를 보통 글자와 동일하게 취급하기 때문에 글을 입력하거나 지우게 되면 글맵시 개체의 위치도 같이 변하게 됩니다.

05 [채우기] 탭을 클릭하고 '그러데이션'을 선택한 후 [시작 색]은 기본 테마의 '하양(RGB : 255,255,255)', [끝 색]은 기본 테마의 '하늘색(RGB : 97,130,214)'으로 설정하고 [유형]은 '수평', '줄무늬(■)'를 선택합니다. [글맵시] 탭을 클릭하고 [그림자]를 '비연속'으로 선택한 후 [색]은 기본 테마의 '검정(RGB : 0,0,0) 90% 밝게', [X 위치]와 [Y 위치]는 각각 '1%'로 설정하고 [설정] 버튼을 클릭합니다.

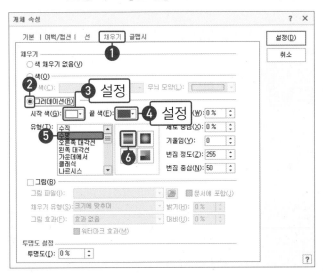
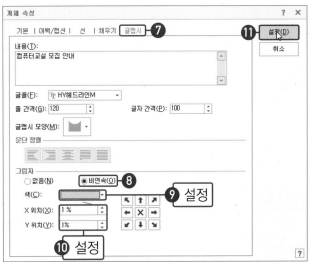

06 Esc 키를 누르거나 아무 곳이나 클릭하여 글맵시 선택을 해제하고 서식 도구 상자에서 [가운데 정렬(를)]을 클릭하면 글자처럼 글맵시가 정렬됩니다.

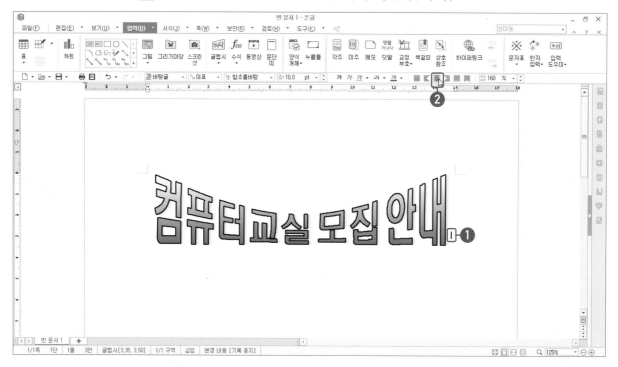

▶ 원형 글맵시 만들기

01 글맵시를 하나 더 만들기 위해 [입력] 탭–[글맵시(글맵시)]–[글맵시]를 선택합니다.

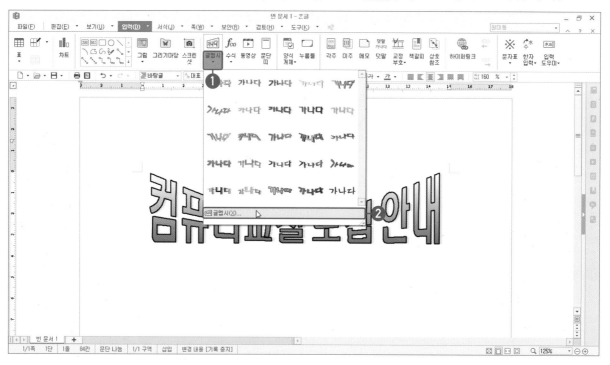

02 [글맵시 만들기] 대화상자의 [내용]에 '복지관에서 함께하는 [Enter] 컴퓨터 교실 [Enter] 미
래로의 컴퓨터 세상!'이라고 입력한 후 [글꼴]은 'HY헤드라인M'으로 설정합니다. [글맵시
모양]은 [세 줄 원형 1(◯)]로 설정한 후 [설정] 버튼을 클릭합니다.

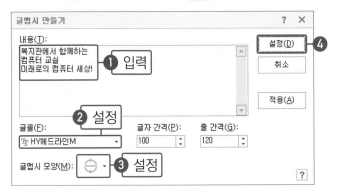

03 삽입된 원형 글맵시를 오른쪽 아래로 배치합니다. 개체 속성을 변경하기 위해 [글맵시(🄰)]
탭–[개체 속성(🔽)]을 클릭합니다.

04 [개체 속성] 대화상자가 나타나면 [기본] 탭을 클릭하고 [너비]와 [높이]를 각각 '52mm'로 설정합니다. [채우기] 탭을 클릭하고 [면 색]은 오피스 테마의 '빨강(RGB : 255,0,0)'으로 설정합니다. [글맵시] 탭을 클릭하고 [문단 정렬]은 '가운데 정렬(≡)'을 선택하고 [설정] 버튼을 클릭합니다.

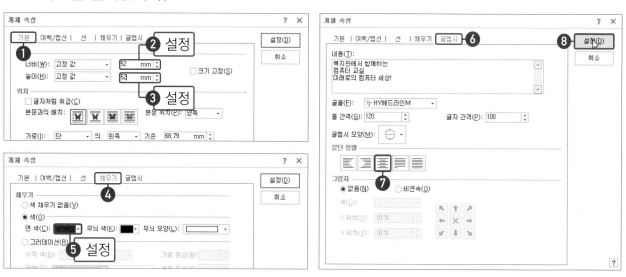

05 빨간색의 원형 글맵시로 변경되었습니다.

▶ 그림 삽입하기

01 [편집] 탭-[그림(그림)]에서 [그림]을 선택합니다.

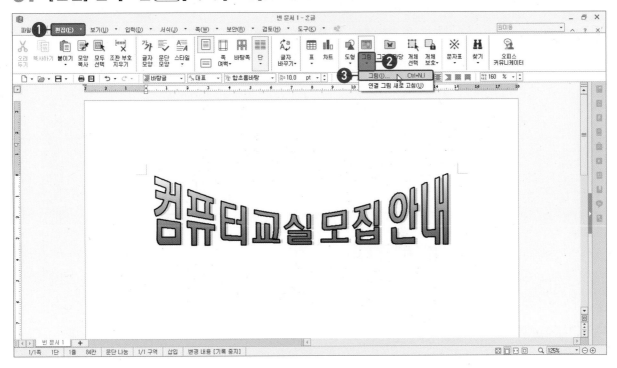

02 [그림 넣기] 대화상자가 나타나면 '컴퓨터.png'를 선택한 후 '문서에 포함'과 '글자처럼 취급'에 체크하고 [넣기] 버튼을 클릭합니다.

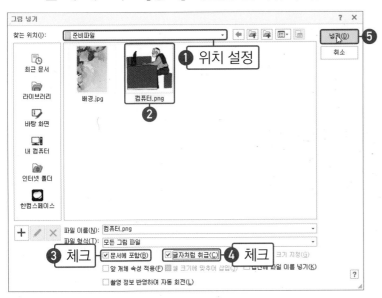

문서에 포함

문서에 그림을 넣을 때 그림 파일을 문서 파일 안에 완전히 포함시킬 것인지 외부 그림 파일에 연결할 것인지 선택할 수 있습니다. '문서에 포함' 속성에 체크하면 문서 파일 안에 그림 파일을 함께 저장하므로 그림 파일을 따로 보관하지 않아도 됩니다.

03 그림이 삽입되면 Enter 키를 두 번 눌러 글맵시 아래에 빈 줄을 삽입하고 삽입된 그림을 4줄에 배치합니다.

▶ 글상자 넣기

01 [편집] 탭-[도형(📷)]-[가로 글상자(🔲)]를 선택합니다.

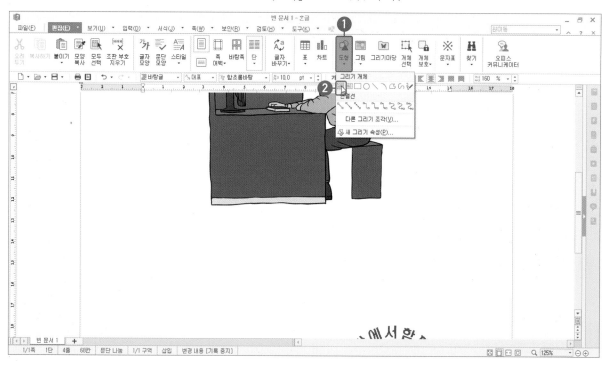

02 삽입된 그림 아래쪽에 다음과 같이 드래그하여 가로 글상자를 삽입합니다.

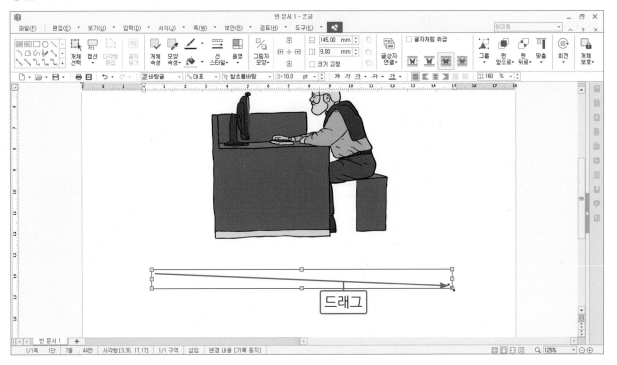

03 [도형(🔲)] 탭-[채우기(🪣)]의 ⌄를 클릭하여 기본 테마의 '노랑(RGB : 255,215,0)'을 선택합니다.

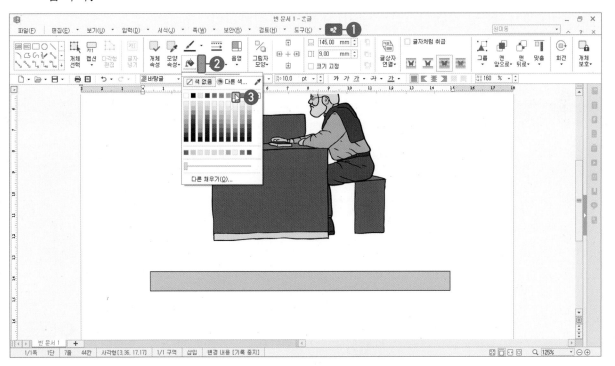

04 [도형(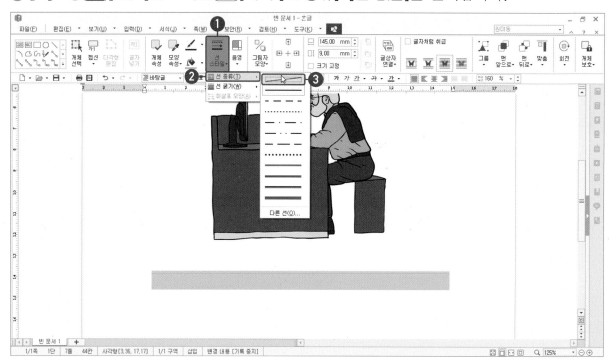)] 탭–[선 스타일(▤)]에서 [선 종류]–[선 없음]을 선택합니다.

05 글상자 안을 클릭하여 커서를 둔 상태에서 [편집] 탭–[문자표(▓)]에서 [문자표]를 선택합니다. [문자표 입력] 대화상자가 나타나면 [한글(HNC) 문자표] 탭을 클릭한 후 '전각 기호(일반)'에서 '●'를 선택합니다. [넣기] 버튼을 클릭합니다.

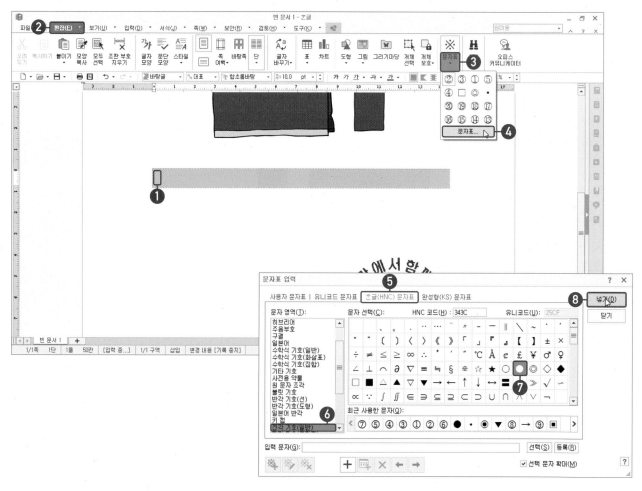

06 글상자 안에 '●'이 삽입된 후 다음과 같이 텍스트를 입력합니다.

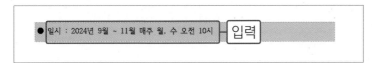

07 글상자를 선택하고 Ctrl 키와 Shift 키를 누른 채 드래그를 4번 반복하여 수직으로 글상자를 복사합니다.

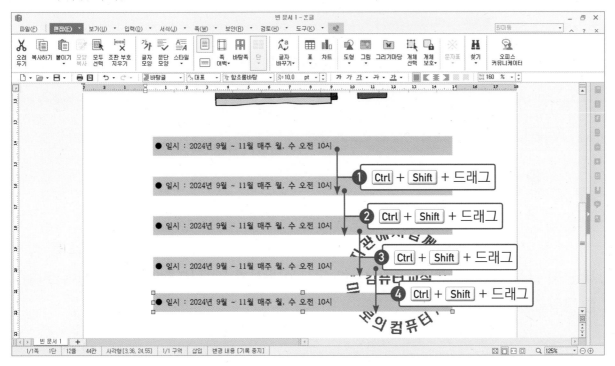

08 Shift 키를 누른 채 글상자를 모두 클릭합니다. [도형(⬛)] 탭-[맞춤(▮)]-[세로 간격을 동일하게]를 선택합니다.

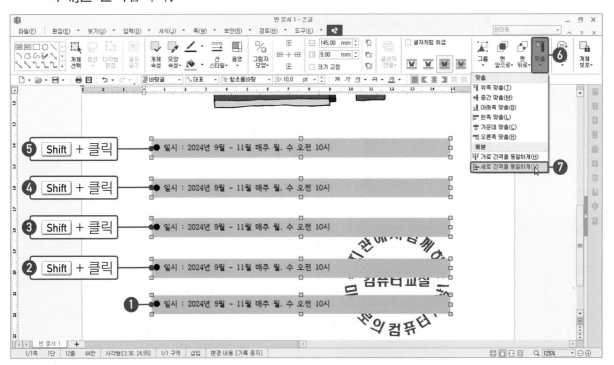

09 Esc 키를 눌러 선택을 해제합니다. Shift 키를 누른 채 네 번째, 다섯 번째 글상자를 클릭한 후 다음과 같이 크기 조절점을 드래그하여 아래쪽의 원형 글맵시가 보이도록 조정합니다.

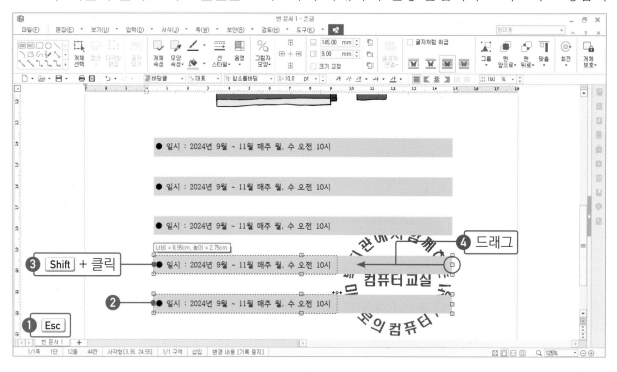

10 세 번째 글상자를 클릭한 후 글맵시보다 뒤로 이동하기 위해 [도형(📷)] 탭-[글 뒤로(🔳)]를 클릭합니다.

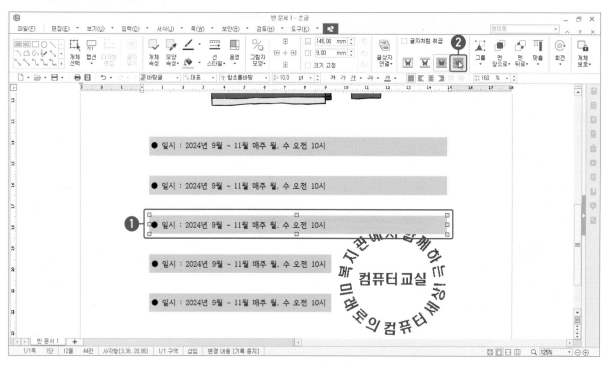

11 다음과 같이 글상자의 내용을 수정합니다.

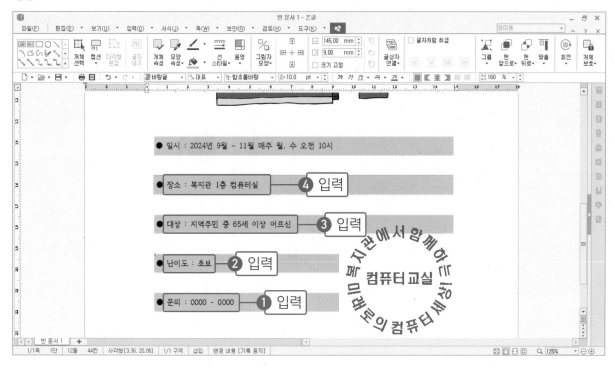

▶ 쪽 배경 넣기

01 [쪽] 탭–[쪽 테두리/배경(▣)]을 클릭합니다.

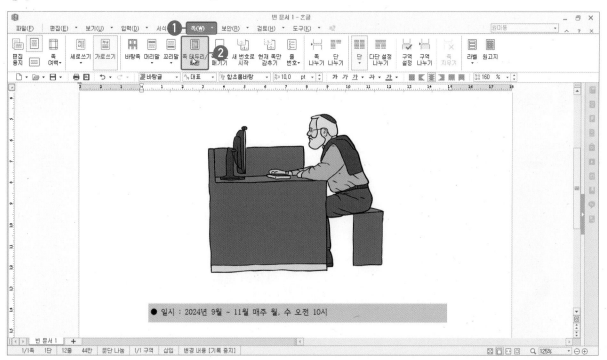

02 [쪽 테두리/배경] 대화상자가 나타나면 배경에 그림을 넣기 위해 [배경] 탭을 클릭한 후 '그림'을 체크합니다. [그림 넣기] 대화상자가 나타나면 '배경.jpg'를 선택한 후 '문서에 포함' 속성에 체크하고 [넣기] 버튼을 클릭합니다. [쪽 테두리/배경] 대화상자의 [설정] 버튼을 클릭합니다.

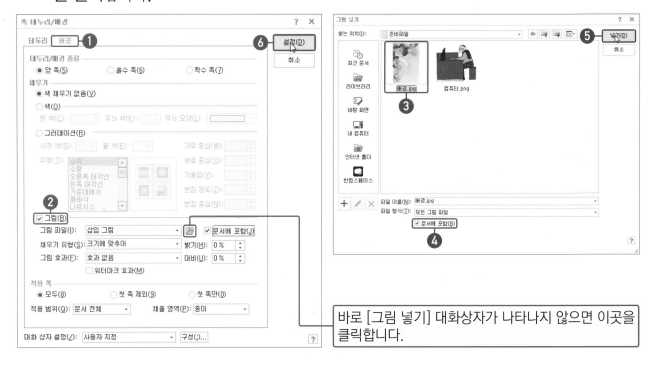

바로 [그림 넣기] 대화상자가 나타나지 않으면 이곳을 클릭합니다.

03 문서 배경에 그림이 삽입되었습니다. 테두리를 넣기 위해 [쪽] 탭-[쪽 테두리/배경(🔲)]을 클릭합니다.

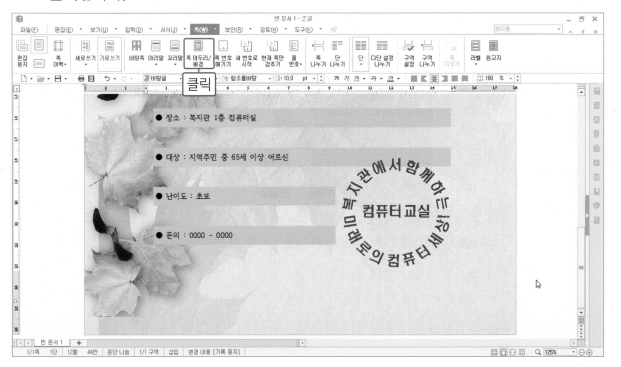

04 [쪽 테두리/배경] 대화상자가 나타나면 [테두리] 탭을 클릭하고 [종류]는 '이중 실선', [굵기]는 '0.5mm', [색]은 기본 테마의 '하양(RGB : 255,255,255)'으로 설정한 후 '모두(▣)'를 클릭합니다. [쪽 기준]을 선택하고 [왼쪽], [오른쪽], [위쪽], [아래쪽]은 각각 '15mm'로 설정한 후 [설정] 버튼을 클릭합니다.

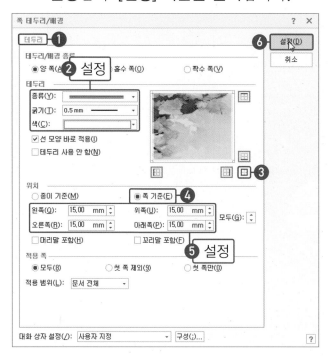

05 쪽 전체에 흰색 이중 실선으로 테두리가 생겼습니다.

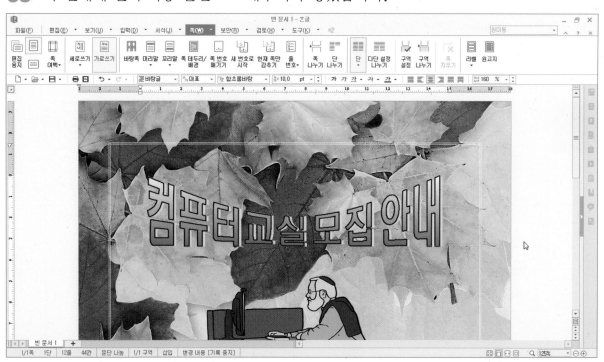

06 서식 도구 상자의 [저장하기(🖫)]를 클릭해 지금까지의 작업을 '광고지'라는 이름으로 저장합니다.

01 글맵시와 그리기마당을 활용하여 다음과 같이 만든 후 '불조심.hwp' 파일로 저장해 봅니다.

• 편집 용지 : A4, 가로
• 쪽 배경 : 그러데이션, [유형]–[블랙홀]–[원형]

• 글꼴 : HY견고딕
• 글맵시 모양 : ◎(두 줄 원형)
• 채우기 : 오피스 테마–주황(RGB : 255,102,0)
• 너비, 높이 : 100mm

 힌트

• [두 줄 원형(◎)] 글맵시를 만들기 위해서는 [입력] 탭–[글맵시(메뉴)]를 클릭해 [글맵시 만들기] 대화상자를 호출하여 작성합니다.

• 글맵시의 채우기 색상은 [개체 속성] 대화상자의 [채우기] 탭에서 설정하고, 글맵시의 너비와 높이는 [개체 속성] 대화상자의 [기본] 탭에서 설정합니다.

• [그리기마당] 대화상자에서 [공유 클립아트]의 '산업직종' 꾸러미에서 '소방대'를 찾아 선택하거나 [찾을 파일]에 '소방대'를 입력하여 검색하여 선택합니다.

02 글맵시와 그림을 활용하여 다음과 같이 만든 후 '홍보전단지.hwp' 파일로 저장해 봅니다.

• 편집 용지 : A4, 가로
• 쪽 배경 : 그림(배경화면.jpg)
• 쪽 테두리 : 종류 '일점쇄선', 굵기 '0.2mm', 색 '기본 테마–검정(RGB:0,0,0)', 위치(왼쪽, 오른쪽, 위쪽, 아래쪽) '10mm'

'채우기 – 없음, 직사각형 모양' 글맵시 적용

• '채우기 – 하늘색 그러데이션, 갈매기형 수장 모양' 글맵시 적용
• 글맵시 모양 : ▨(물결 2)

글맵시는 [입력] 탭–[글맵시(글맵시)]에서 선택합니다. 선택하면 이미지 꾸러미에서 원하는 모양을 선택할 수 있습니다. 선택한 모양을 [글맵시(▲)] 탭–[내용 편집(📝)]에서 내용이나 글맵시 모양 등을 변경할 수 있습니다.

O8 달력 만들기

- 표 삽입
- 표와 셀 블록 지정
- 셀 합치기와 나누기
- 표와 셀 크기 조정

- 표에 데이터 자동 채우기
- 표에 숫자 자동 채우기
- 표와 셀 테두리 설정

미/리/보/기

 완성파일 : 달력.hwp

이번 장에서는 표와 자동 채우기로 연간 달력을 쉽고 빠르게 만들어보겠습니다. 더불어

셀 서식을 적용하여 예쁘게 만드는 방법도 함께 알아보겠습니다.

▶ 표

복잡한 내용이나 수치 자료를 정리하고자 할 때에는 표를 삽입하여 정리합니다.

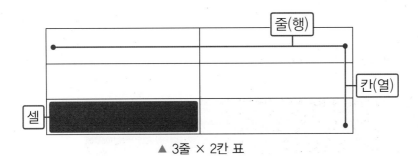

▲ 3줄 × 2칸 표

기능 실습   시간표 만들기

6줄 6칸짜리 표를 이용하여 다음과 같은 시간표를 작성해 보겠습니다.

시간표

시간	월	화	수	목	금
1:00~1:50	컴퓨터 기초		컴퓨터 기초		
2:00~2:50	엑셀	인터넷	스마트폰 기초	인터넷	엑셀
3:00~3:50	한글 입문	한글 활용	스마트폰 활용	한글 입문	한글 활용
4:00~4:50	코딩	파워포인트	타자 향상	파워포인트	코딩

❶ 한글을 실행한 후 [편집] 탭–[표(▦)]를 클릭하여 바둑판 모양의 표 상자가 표시되면 마우스를 움직여 원하는 줄×칸이 되면 클릭하여 표를 만듭니다. 6줄×6칸이 되면 클릭합니다.

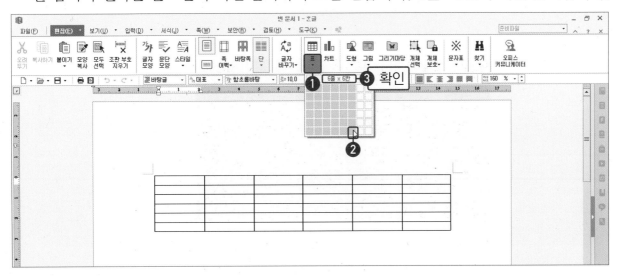

② 셀의 크기를 균등하게 조정하기 위해 **표 전체를 드래그하여 블록으로 지정**한 후 셀의 아래쪽 경계선으로 마우스 포인터를 이동합니다. 마우스 포인터 모양이 ⬍일 때 **그림과 같이 아래로 드래그**합니다.

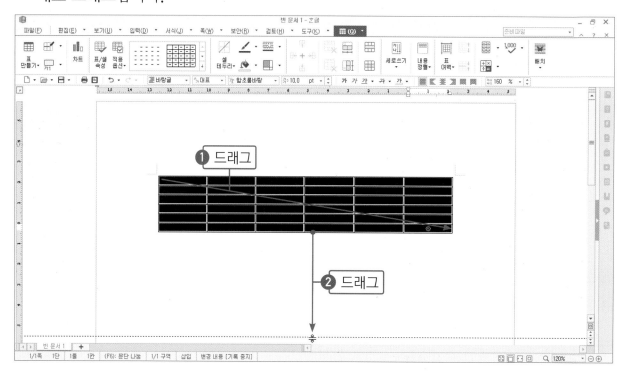

 표 크기 조정

표를 블록 지정하지 않고 특정 셀의 경계선을 드래그하면 해당 셀의 크기만 조정됩니다. 셀 위에서 F5 키를 한 번 누르면 해당 셀이 블록 지정되고 F5 키를 3번 누르면 표 전체가 블록 지정됩니다.

③ 표의 스타일을 바꾸기 위해 [표(⊞ (Q) ▾)] 탭−[스타일]의 ⬇를 클릭합니다.

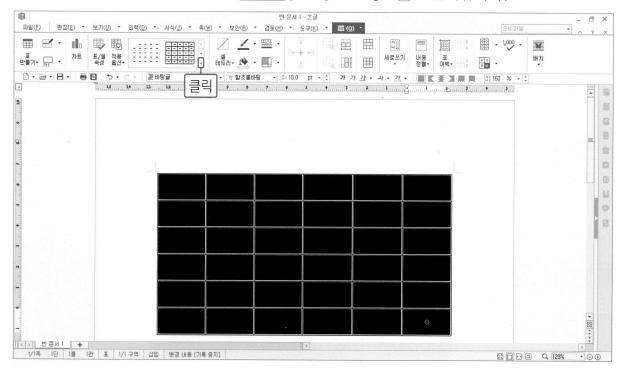

④ [밝게]의 [밝은 스타일 1 – 파란 색조]를 선택합니다.

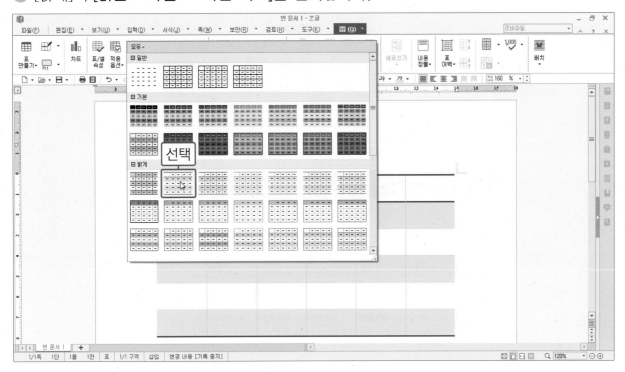

⑤ 서식 도구 상자에서 [글꼴]은 '맑은 고딕', [진하게(가)], [가운데 정렬(三)]로 설정한 후 각 셀에 다음과 같이 입력합니다.

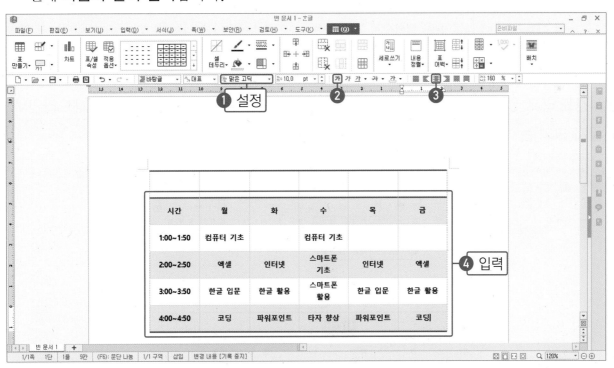

⑥ 첫 줄을 드래그하여 블록으로 지정한 후 [표(　▦ (Q) ▾)] 탭−[셀 합치기(▦)]를 클릭합니다.

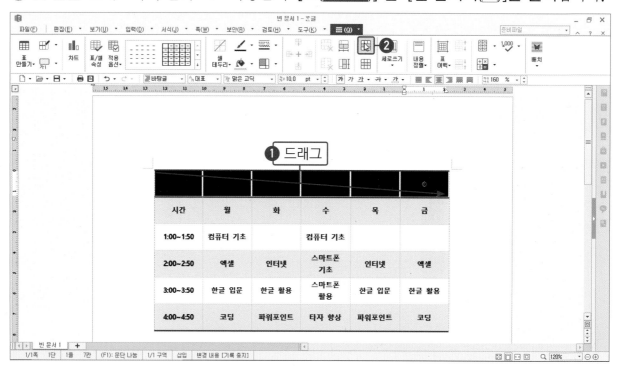

 [셀 합치기]와 [셀 나누기]의 바로 가기 키
- **셀 합치기(▦)** : 여러 셀을 블록으로 지정한 후 Ⓜ 키를 누르면 하나로 합칠 수 있습니다.
- **셀 나누기(▦)** : 나눌 셀을 블록으로 지정한 후 Ⓢ 키를 누르면 [셀 나누기] 대화상자가 나타나서 줄이나 칸을 선택하여 나눌 수 있습니다.

⑦ '시간표'라고 입력한 후 블록으로 지정하고 서식 도구 상자에서 [글꼴]은 'HY헤드라인M', [글자 크기]는 '15pt'로 설정합니다.

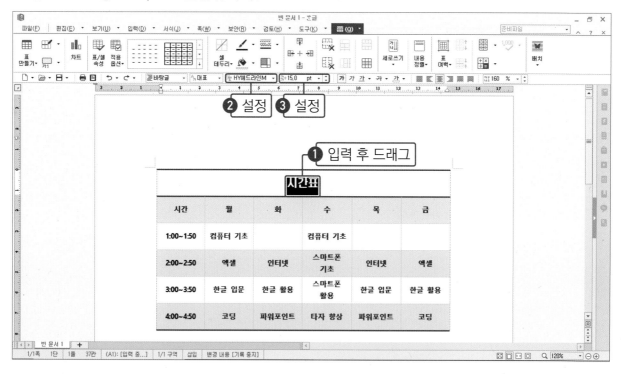

▶ 사용할 도구 알아보기

도구		설명
⊞	표	줄 수와 칸 수를 지정하여 표를 만듭니다.

(02) 연(年)달력 만들기

▶ 표 삽입하기

01 한글을 실행한 후 [편집] 탭-[표(⊞)]를 클릭합니다.

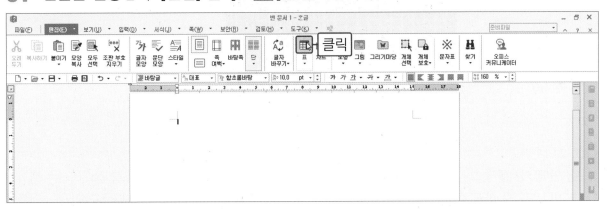

표 만들기

[표(⊞)]를 클릭하면 표의 줄 수와 칸 수를 마우스로 드래그하여 설정할 수 있고, [표(⊞)]를 클릭하면 [표 만들기] 대화상자를 불러와서 줄 수와 칸 수를 설정하여 만들 수 있습니다.

02 [표 만들기] 대화상자가 나타나면 [줄 수]는 '29', [칸 수]는 '21'로 설정하고 '글자처럼 취급'에 체크한 후 [만들기] 버튼을 클릭합니다.

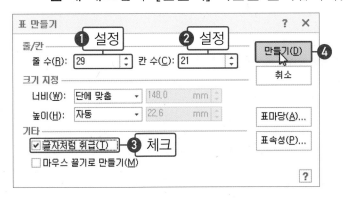

▶ 표/셀 크기 조절하기

01 F5 키를 3번 눌러서 셀 전체를 블록으로 지정한 후 표 아래쪽 경계선을 다음과 같이 드래그합니다. 블록으로 지정하였기 때문에 셀의 크기가 균등하게 조정됩니다.

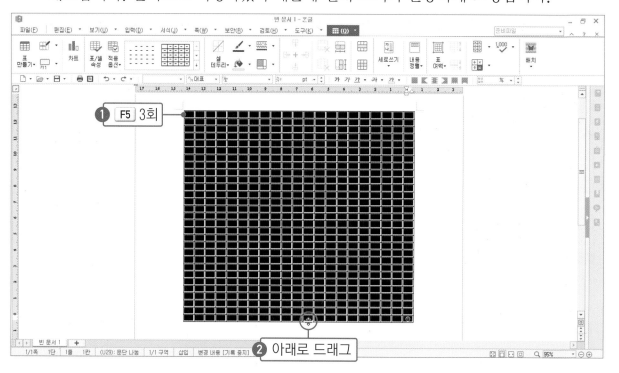

 셀 안에 커서를 놓고 F5 키를 누르면 커서가 있던 셀이 블록으로 지정됩니다. 셀 블록 상태에서는 셀의 크기나 모양을 바꿀 수 있고 셀 블록을 다른 셀로 확장할 수 있습니다. 셀 블록을 해제하려면 Esc 키를 누릅니다.

02 1줄을 드래그하여 블록으로 지정한 후 [표(▦ (Q) ▾)] 탭–[셀 합치기(▦)]를 클릭합니다.

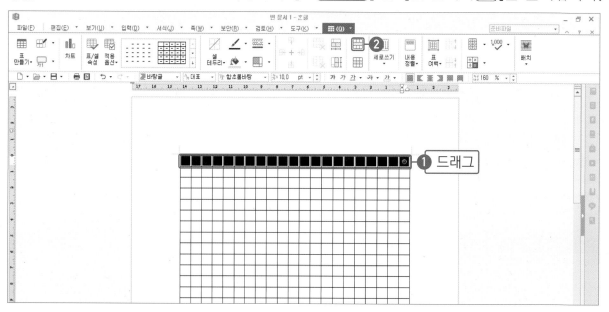

03 1줄에 커서를 둔 채 [편집] 탭-[글자 모양(가)]을 클릭합니다.

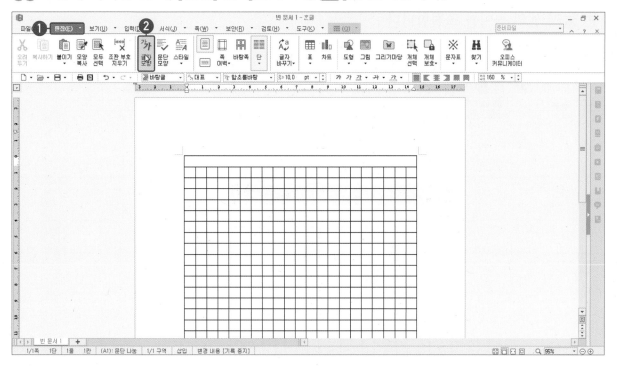

04 [글자 모양] 대화상자가 나타나면 [기본] 탭에서 [기준 크기]는 '24pt', [글꼴]은 '양재참숯체B'로 설정합니다. 계속해서 [속성]에서 '밑줄(가)'을 클릭하고 [글자 색]은 오피스 테마의 '남색(RGB : 51,51,153)'으로 설정합니다. [확장] 탭을 클릭한 후 [밑줄]에서 [모양]은 '이중 실선', [색]은 오피스 테마의 '남색(RGB : 51,51,153)'으로 설정하고 [설정] 버튼을 클릭합니다.

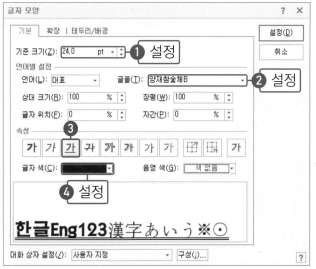

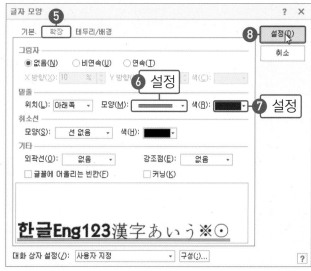

05 '2024 Calendar'라고 입력한 후 F5 키를 눌러 첫 번째 셀을 선택하고 Ctrl + ↓ 키를 4번 눌러 셀의 높이를 조절합니다.

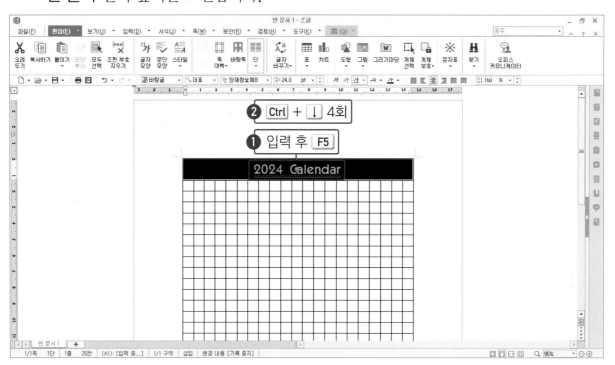

 키보드로 셀 크기 조절하기

• Shift + ↑, ↓, ←, → : 줄이나 칸을 블록 설정한 후 Shift + 방향키를 눌러서 방향키 방향으로 줄이나 칸의 크기를 바꾸어도 표 전체의 크기는 변하지 않습니다.

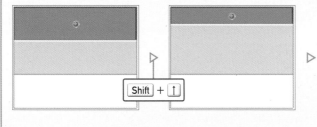

▷ 셀의 크기는 작아졌지만 표의 크기는 유지되었습니다.

• Ctrl + ↑, ↓, ←, → : 줄이나 칸을 블록 설정한 후 Ctrl + 방향키를 눌러서 방향키 방향으로 줄이나 칸의 크기를 바꾸게 되면 그만큼 표 전체의 크기도 변하게 됩니다.

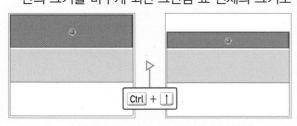

▷ 셀의 크기가 작아지면서 표의 크기도 작아집니다.

▶ 셀 배경 색과 서식 지정하기

01 2줄에서 1칸~7칸을 드래그하여 블록으로 지정한 후 [표(▦(Q) ▼)] 탭-[셀 합치기(▦)]를 클릭합니다.

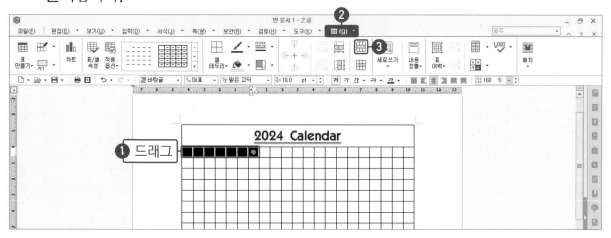

02 2줄의 나머지 셀들도 같은 방법으로 7칸씩 셀을 합칩니다. 2줄 전체를 드래그하여 블록으로 지정합니다.

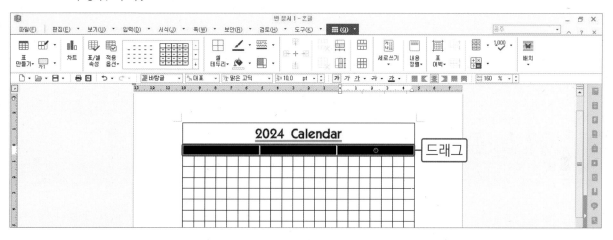

03 [표(▦(Q) ▼)] 탭-[셀 배경 색(◈ ▼)]의 ▼를 클릭한 후 기본 테마에서 '연한 올리브색(RGB : 227,220,193)'으로 설정합니다.

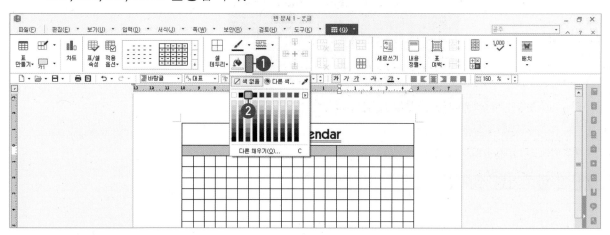

04 01~02와 같은 방법으로 표의 9줄, 16줄, 23줄도 7칸씩 셀을 합친 후 다음과 같이 셀 배경 색을 다르게 설정합니다.

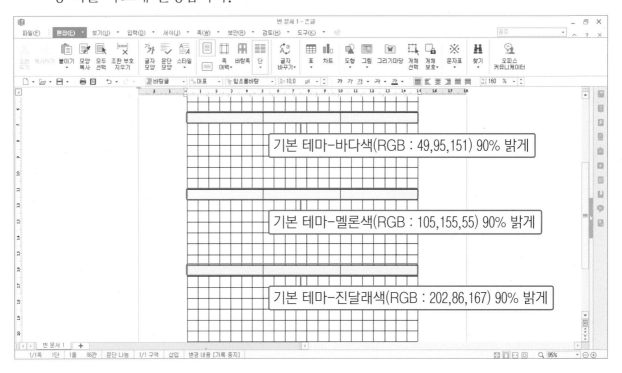

기본 테마-바다색(RGB : 49,95,151) 90% 밝게

기본 테마-멜론색(RGB : 105,155,55) 90% 밝게

기본 테마-진달래색(RGB : 202,86,167) 90% 밝게

05 2줄부터 드래그하여 끝까지 표를 블록으로 지정한 후 서식 도구 상자에서 [글꼴]을 '맑은 고딕', [진하게(가)], [가운데 정렬(≡)]로 설정합니다.

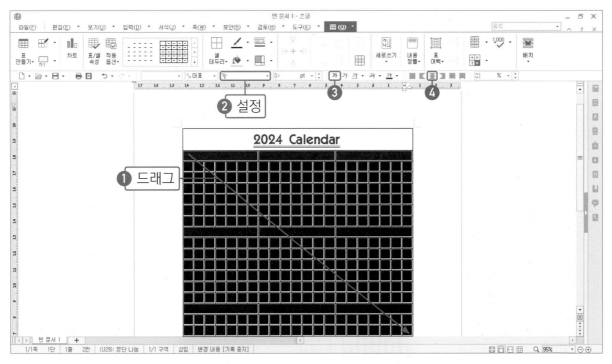

06 7칸씩 합치기한 셀에 각각 '1월'부터 '12월'까지 입력합니다.

▶ 자동 채우기

01 3줄의 1칸~7칸을 블록으로 지정한 후 [표(■ (Q) ▼)] 탭-[채우기(■ ·)]의 ▼를 클릭하고 [자동 채우기 내용]을 선택합니다.

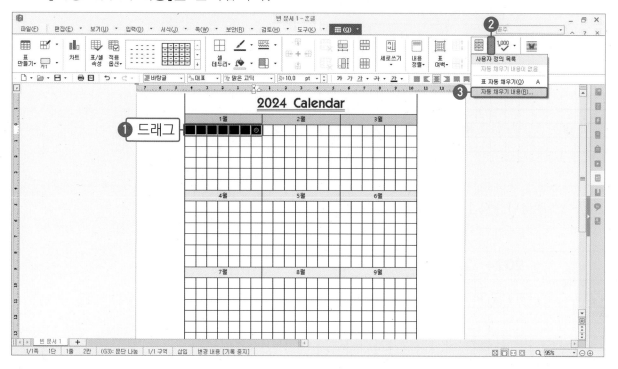

02 [자동 채우기 내용] 대화상자가 나타나면 [기본] 탭의 [자동 채우기 목록]에서 '일, 월, 화, 수, 목, 금, 토'를 선택하고 [채우기] 버튼을 클릭합니다.

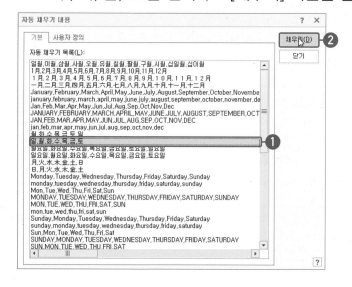

자동 채우기 내용
한컴 오피스 NEO에서 제공하는 기본 데이터로 [자동 채우기 목록]에서 원하는 데이터를 선택하면 현재 블록 지정한 위치에서부터 자동으로 채워집니다.

03 선택한 데이터가 자동으로 채워졌습니다. 같은 방법으로 2월부터 12월까지 7칸씩 블록으로 지정하여 요일을 채웁니다.

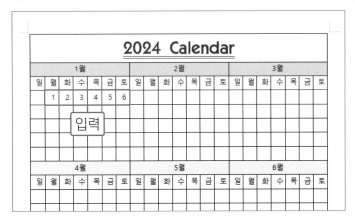

04 4줄에 2024년 1월 1주차에 해당하는 '1', '2', '3', '4', '5', '6'을 입력합니다.

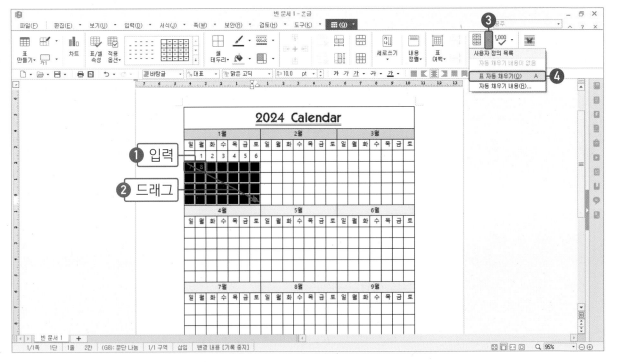

05 5줄의 1칸과 2칸에 '7', '8'을 입력하고 다음과 같이 드래그하여 블록 지정한 후 [표()] 탭-[채우기()]의 ▾를 클릭한 후 [표 자동 채우기]를 선택합니다.

06 자동으로 숫자가 채워졌습니다. 불필요한 '32', '33', '34'는 드래그하여 블록 설정한 후 Delete 키를 눌러 삭제합니다.

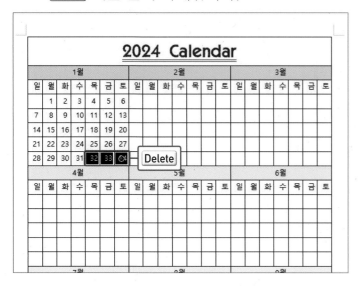

표 자동 채우기

표의 일부 셀에서 규칙을 찾아 사용자가 지정한 셀 전체를 규칙에 따라 자동으로 채워 줍니다. 위의 실습에서는 5줄의 1칸과 2칸에 '7', '8'을 입력했기 때문에 '1씩 증가'하는 규칙이 적용되어서 블록 지정한 곳에 숫자가 1씩 증가하면서 자동으로 채워졌습니다.

예 '1'을 입력하고 블록 지정 후 [표 자동 채우기]를 실행하면 '1'로만 채워집니다.

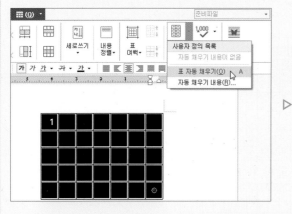 ▷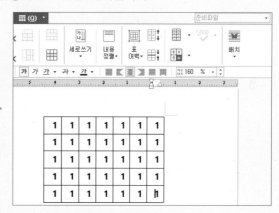

예 '2씩 증가'하는 규칙으로 입력하고 블록 지정 후 [표 자동 채우기]를 실행하면 숫자가 2씩 증가해서 채워집니다.

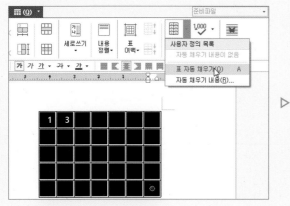 ▷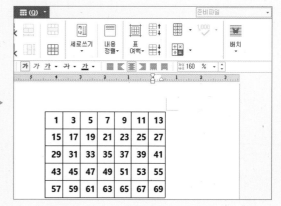

07 같은 방법으로 2월~3월까지 날짜를 입력합니다.

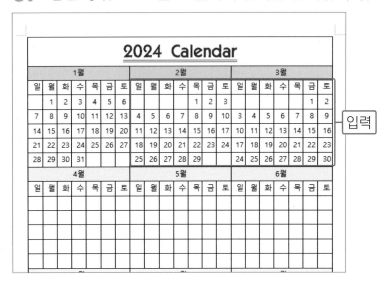

입력

▶ 셀 테두리

01 3월은 31일까지 있는데 입력할 칸이 부족하므로 일요일에 해당하는 '24'를 삭제한 후 [표(▦ (Q) ▼)] 탭-[셀 테두리(▦ 테두리▼)]에서 [대각선 위(◪)]를 선택합니다.

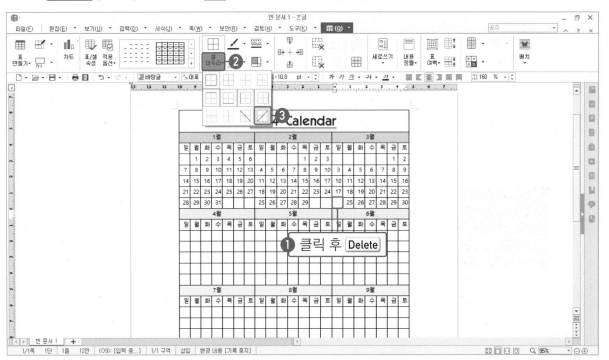

02 서식 도구 상자에서 [글자 크기]를 '6pt'로 설정하고 [왼쪽 정렬(▤)]을 클릭합니다. '24'를
입력하고 Enter 키를 누릅니다.

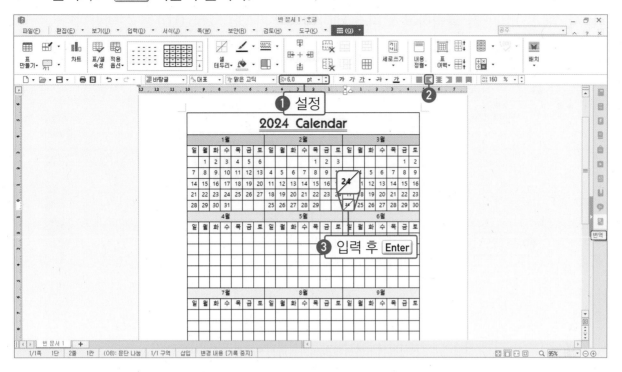

03 '31'을 입력하고 서식 도구 상자에서 [오른쪽 정렬(▤)]을 클릭합니다.

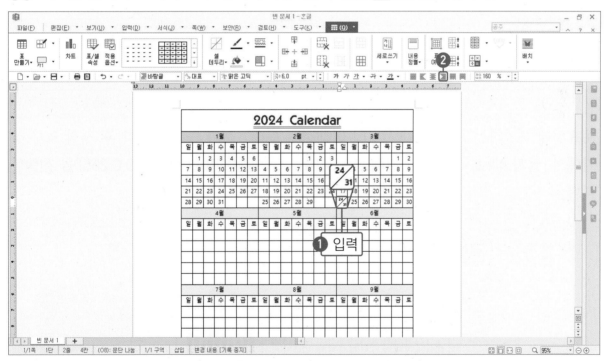

04 같은 방법으로 4월부터 12월까지의 날짜를 입력합니다.

05 일요일에 해당하는 1칸을 위에서부터 아래까지 드래그하여 블록으로 지정합니다. 일요일이 아닌 합치기된 셀도 함께 선택되었지만 일단 그대로 진행합니다. 서식 도구 상자에서 [글자 색()]의 ▼를 클릭하고 오피스 테마의 '빨강(RGB : 255,0,0)'을 선택합니다.

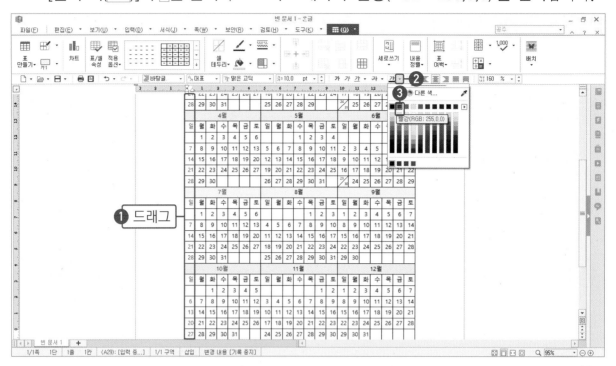

> **잠깐**
> **Ctrl + 드래그**
> 셀들을 드래그하여 블록을 설정한 후 떨어져 있는 다른 셀을 함께 선택하려면 Ctrl 키를 누른 채 드래그합니다.

06 토요일에 해당하는 7칸을 위에서부터 아래까지 드래그하여 블록 지정한 후 서식 도구 상자에서 [글자 색(가 ▼)]의 ▼를 클릭하고 오피스 테마에서 '파랑(RGB : 0,0,255)'을 선택합니다.

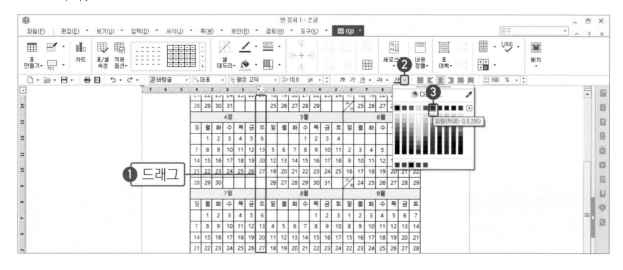

07 **05~06**과 같은 방법으로 나머지 일요일과 토요일의 글자 색을 변경합니다.

08 두 번째 줄의 '1월~3월'을 드래그하여 블록 지정한 후 서식 도구 상자에서 [글자 색(<u>가</u> ·)] 의 ▾를 클릭하고 오피스 테마에서 '보라(RGB : 128,0,128)'를 선택합니다.

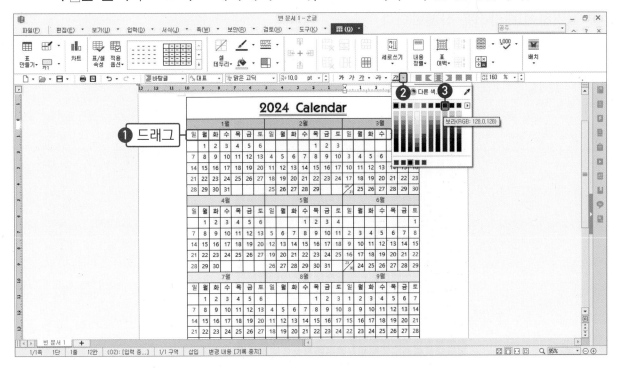

09 '4월~12월'까지 월을 표시한 줄의 글자 색도 오피스 테마에서 '보라(RGB : 128,0,128)'로 설정합니다.

10 표 안에 커서를 두고 F5 키를 3번 눌러 표 전체를 블록 지정한 후 [표(▦ (Q) ·)] 탭–[셀 테두리(셀 테두리)]에서 [테두리 없음(☐)]을 선택합니다.

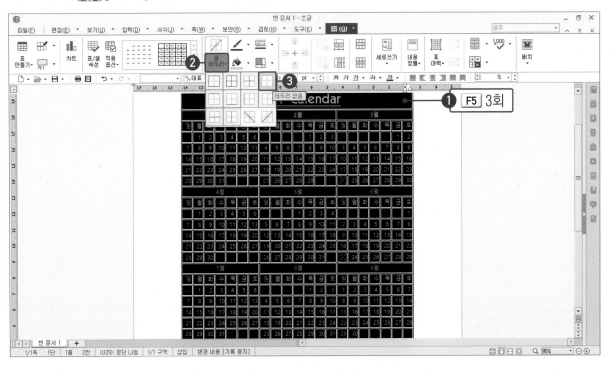

11 표 안의 대각선을 삭제하기 위해 [표(▦ (Q) ▾)] 탭-[셀 테두리(▦ 셀 테두리▾)]에서 [대각선 위(◩)]를 선택합니다. 선택 영역에 대각선이 없는 셀이 있으면 대각선이 채워지므로 [대각선 위(◩)]를 클릭하여 대각선을 삭제합니다.

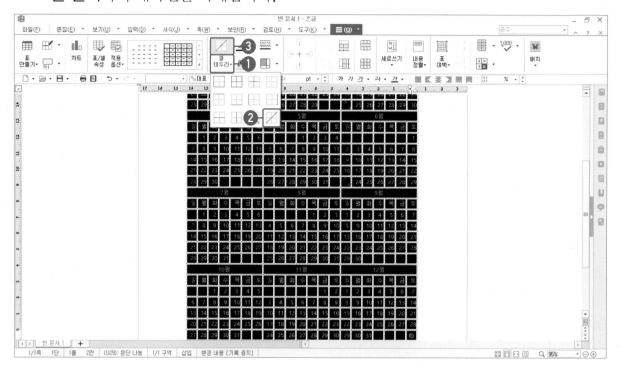

▶ 메모장 넣기

01 Esc 키를 눌러 셀 블록을 해제한 후 [편집] 탭-[도형(🖼)]에서 [가로 글상자(▤)]를 선택합니다.

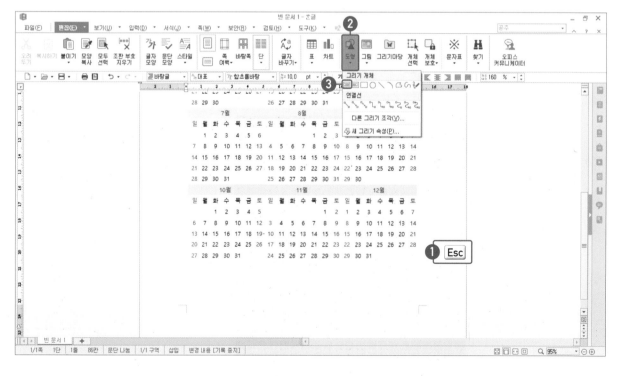

02 표 아래쪽을 드래그하여 글 상자를 삽입하고 'Memo'를 입력한 후 [도형(📷)] 탭-[개체 속성(☑)]을 클릭합니다.

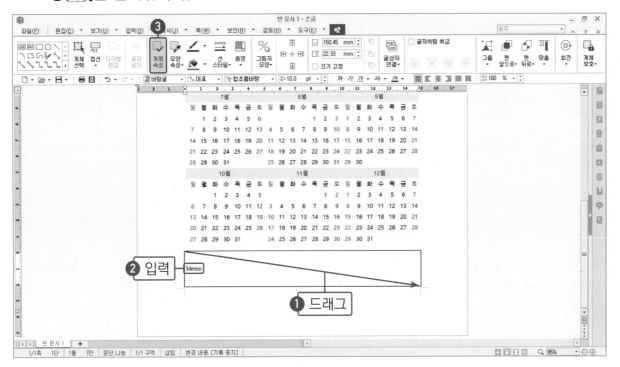

03 [개체 속성] 대화상자가 나타나면 [선] 탭을 클릭하고 [색]은 오피스 테마의 '남색(RGB : 51,51,153)', [종류]는 '이점 쇄선', [사각형 모서리 곡률]은 '둥근 모양(▢)'으로 설정합니다. [채우기] 탭을 클릭하고 [면 색]은 오피스 테마의 '남색(RGB : 51,51,153) 90% 밝게'로 설정합니다.

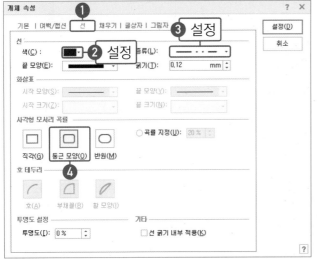

04 [글상자] 탭을 클릭하고 [세로 정렬]에서 '위(☰)'를 설정하고 [설정] 버튼을 클릭합니다.

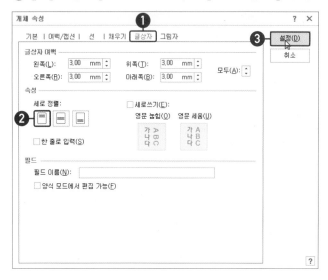

05 달력 아래에 메모를 입력할 수 있는 메모장이 만들어 졌습니다.

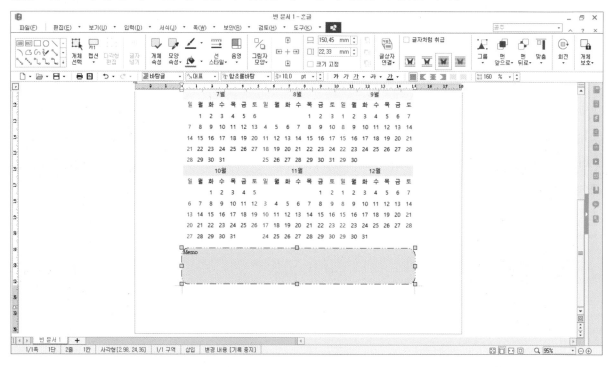

06 서식 도구 상자의 [저장하기(💾)]를 클릭해 지금까지의 작업을 '달력'이라는 이름으로 저장합니다.

응용력 키우기

01 다음과 같은 스타일의 표를 만든 후 '주간점검.hwp'로 저장해 봅니다.

	Sun	Mon	Tue	Wed	Thu	Fri
아침	○	○	○	○	○	✕
점심	○	✕	○	○	○	○
저녁	○	○	○	○	✕	○

- 글자 서식 : 함초롬바탕, 10pt, 가운데 정렬
- 표 삽입 : 4줄×7칸
- 표 스타일 : 기본 스타일 2 - 노란 색조
- [표] 탭-[셀 테두리]에서 [대각선 위], [대각선 아래]를 각각 선택해야 X 모양의 대각선이 그려집니다.
- 첫 번째 줄은 [입력] 탭-[채우기]-[자동 채우기 내용]을 선택하여 빠르게 입력합니다.

02 표와 직사각형 도형을 활용하여 다음과 같은 모서리가 둥근 표를 만든 후 '모서리둥근 표.hwp'로 저장해 봅니다.

구분	성 명	연락처	이메일
1			
2			
3			
4			
5			
6			

- 글자 서식 : 함초롬바탕, 12pt, 진하게, 가운데 정렬
- 표 삽입 : 7줄×4칸
- 표의 외곽선을 '테두리 없음'으로 설정한 후 표의 선 색(RGB : 157,92,187)과 동일한 테두리 색을 가진 곡률 '5%'를 적용한 직사각형(□)을 겹쳐서 배치합니다.

09 단어 카드 만들기

- 실시간 검색
- 내용 복사와 붙여넣기
- 표 전체에 배경 그림 넣기
- 셀 배경에 그림 넣기
- 하이퍼링크
- 머리말과 꼬리말

미/리/보/기

준비파일 : 배경이미지.png, 사과.png, 배.png, 딸기.png, 오렌지.png, 수박.png, 복숭아.png

완성파일 : 영어카드.hwp

한글 NEO에서는 한글, 영어, 한자 등을 블록으로 지정하면 바로 실시간으로 낱말 뜻, 발음, 상용구 등을 검색해 주기 때문에 모르는 뜻을 바로바로 확인할 수 있습니다. 이번 장에서는 이 기능을 활용하여 단어 카드를 작성하고 특정 낱말을 인터넷 사전과 연결하여 뜻이나 발음 등을 확인할 수 있도록 만들어 보겠습니다.

한글에서 사전 사용하기

▶ 실시간 검색 기능

'실시간 검색'은 단어를 입력하는 동시에 단어의 뜻을 검색하고 등록된 상용구를 보여줍니다.

기능 실습 사자성어 카드 만들기

사전에서 검색한 내용을 글상자에 복사하여 카드를 만들어 봅니다.

소탐대실(小貪大失)

【명사】【~하다 → 자동사】
작은 것을 탐내다가 큰 것을 잃음

① 한글을 실행한 후 [편집] 탭-[도형(🔲)]에서 [가로 글상자(▤)]를 선택합니다.

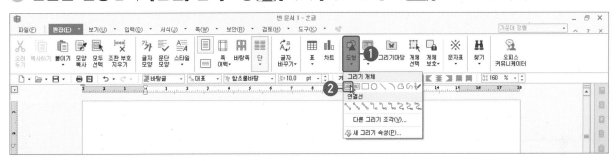

② 다음과 같이 드래그하여 글상자를 삽입한 후 [도형(🔲)] 탭-[채우기]는 오피스 테마의 '탁한 황갈(RGB : 131,77,0) 90% 밝게'로, [너비]는 '145mm', [높이]는 '50mm'로 설정합니다. 서식 도구 상자에서 [글자 크기]는 '15pt', [가운데 정렬(▤)]로 설정합니다.

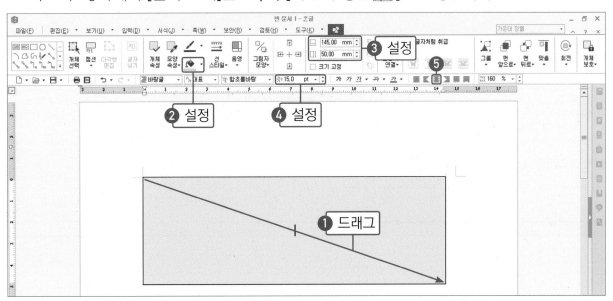

❸ 글상자 안에 '소탐대실'이라 입력한 후 글자를 드래그하여 블록으로 지정하면 자동으로 한자, 뜻 등이 사전에서 검색되어 표시됩니다. 검색 창에서 원하는 내용만 드래그하여 블록으로 지정한 후 Ctrl + C 키를 눌러 복사합니다.

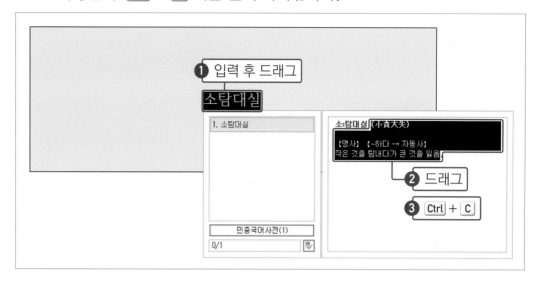

❹ '소탐대실' 다음을 클릭한 후 Ctrl + V 키를 눌러 붙여넣습니다.

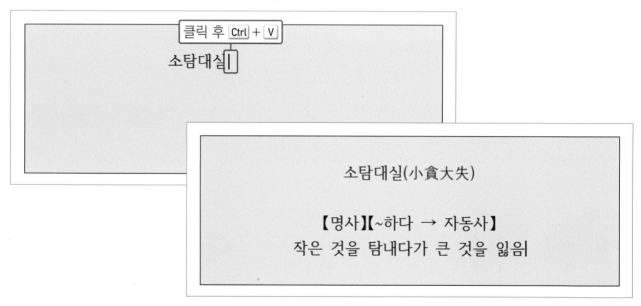

▶ 사용할 도구 알아보기

	도구	설명
	사전 모음	한컴 사전, 한자 사전, 유의어/반의어 사전을 제공합니다.
	하이퍼링크	문서의 특정한 위치에 현재 문서나 다른 문서, 웹 페이지 등을 연결하여 쉽게 참조하거나 이동할 수 있게 해 줍니다.
	머리말 꼬리말	한 쪽의 맨 위와 아래에 한두 줄의 내용이 쪽마다 고정적으로 반복되는 것으로 머리말과 꼬리말에는 제목, 쪽 번호 등을 넣습니다.

▶ 실시간 검색하여 카드 내용 입력하기

01 한글을 실행한 후 [편집] 탭-[표(표)]를 클릭하고 표 상자에서 '3줄×2칸'을 선택합니다.

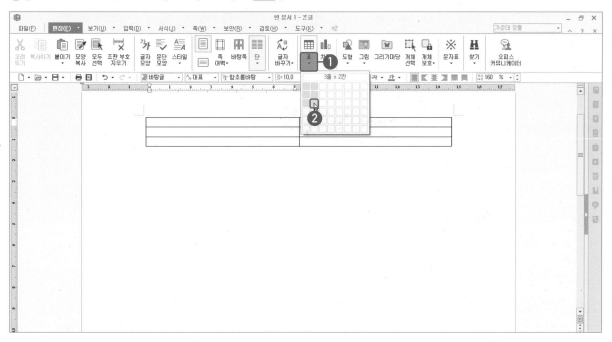

02 표 안에 커서를 두고 F5 키를 3번 누릅니다. 표가 블록으로 지정되면 표 아래쪽 경계선 부분을 쪽의 제일 아래까지 드래그합니다.

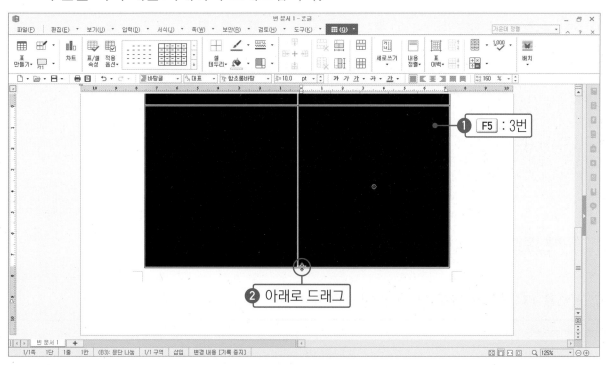

03 Esc 키를 눌러 블록 지정을 해제합니다. 1번 칸에 'apple'이라고 입력한 후 'apple'을 드래그하여 블록으로 지정합니다. 바로 영어 사전에서 'apple'이 검색되어 발음 기호, 뜻, 상용구 등이 표시됩니다. 사전의 내용을 다음과 같이 드래그하여 블록으로 지정한 후 Ctrl + C 키를 눌러 복사합니다.

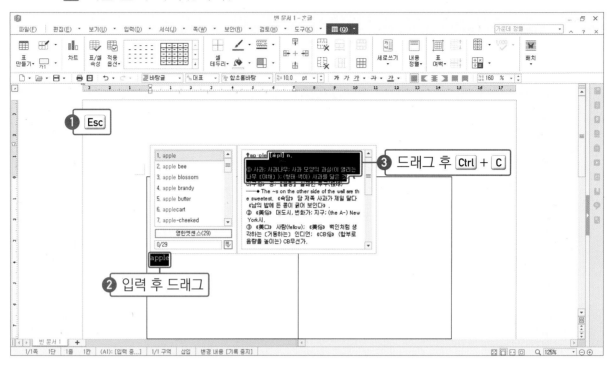

04 'apple' 다음을 클릭하여 커서를 위치하고 Ctrl + V 키를 눌러 붙여넣기 합니다. 불필요한 '①'은 Delete 키를 눌러 삭제합니다.

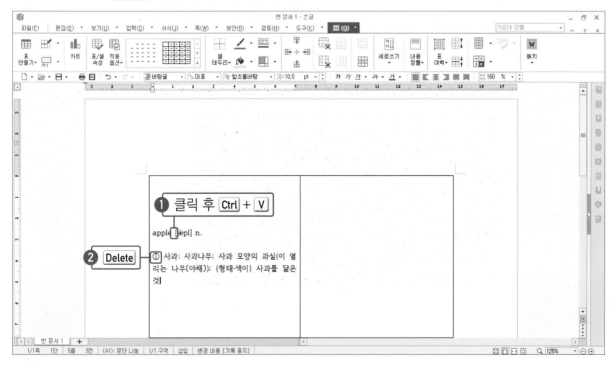

05 같은 방법으로 다음과 같이 'pear', 'strawberry', 'orange', 'watermelon', 'peach'를 입력한 후 실시간 검색을 활용하여 뜻과 발음을 복사해서 붙여넣기합니다. 불필요한 부분들은 삭제합니다.

apple [ǽpl] n. 사과; 사과나무; 사과 모양의 과실(이 열리는 나무(야채)); (형태·색이) 사과를 닮은 것	pear [pɛər] n. 서양배; 서양배나무
strawberry [strɔ́ːbèri/-bəri] n. 딸기, 양딸기; 딸기색; 딸기코	orange [ɔ́(ː)rindʒ, άr-] n. 오렌지, 등자(橙子), 감귤류《과실·나무》 오렌지색, 주황색(=~ cólor)
watermelon [wáter·mèlon] n. 수박	peach [piːtʃ] n. 복숭아, 복숭아나무(~ tree) 복숭아빛, 노란빛이 도는 핑크색

06 다시 F5 키를 3번 눌러 모든 셀을 블록으로 지정한 후 서식 도구 상자에서 [글꼴]은 '한 컴 소망 B', [글자 크기]는 '12pt'로 설정합니다.

07 [표(▦ (Q) ▾)] 탭–[내용 정렬(▤)]에서 [세로 정렬]–[세로 위로 정렬]을 선택합니다.

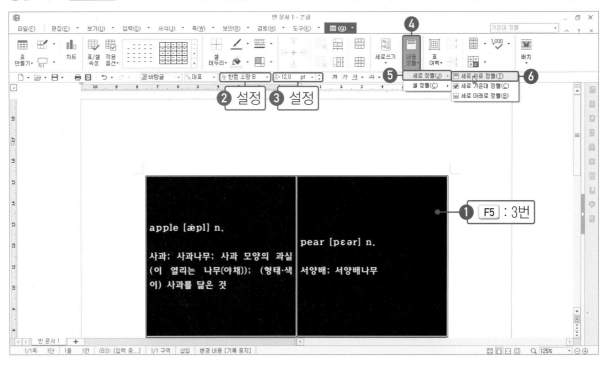

08 [표(▦ (Q) ▾)] 탭–[표 여백(▦)]에서 [표 여백 설정]을 선택합니다.

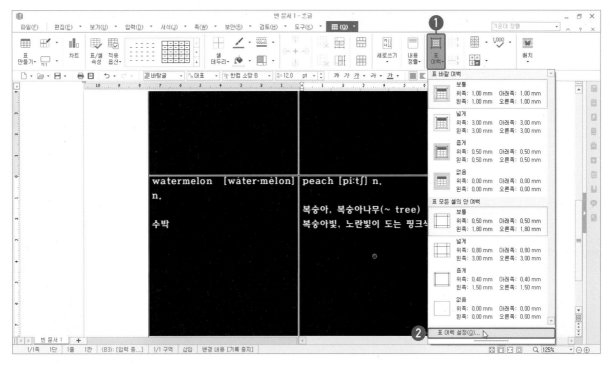

09 [표/셀 속성] 대화상자가 나타나면 [셀] 탭을 클릭합니다. '안 여백 지정'을 체크한 후 [왼쪽], [오른쪽], [위쪽], [아래쪽]을 각각 '2mm'로 설정하고 [설정] 버튼을 클릭합니다.

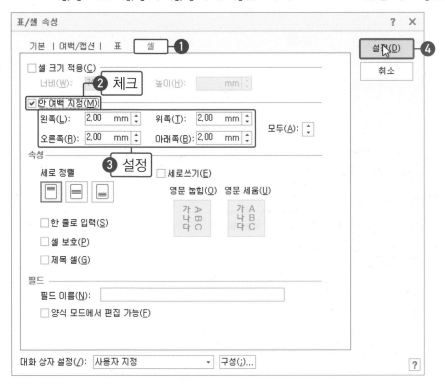

10 Esc 키를 눌러 블록 지정을 해제하고 'watermelon' 다음을 클릭하여 커서를 두고 Enter 키를 눌러 서식을 보기 좋게 바꿔 줍니다.

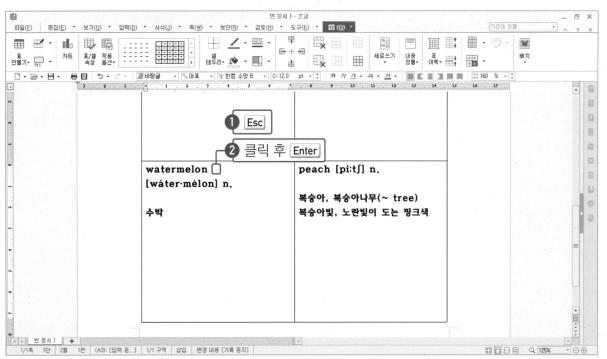

▶ 표에 그림 삽입하기

01 표를 클릭한 후 [표(▦(O) ▾)] 탭-[표/셀 속성(▦)]을 클릭합니다.

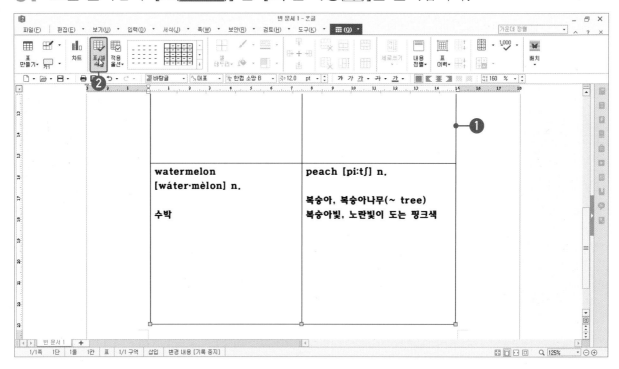

02 [표/셀 속성] 대화상자가 나타나면 [배경] 탭을 클릭합니다. '그림'을 체크한 후 [그림 선택(▦)]을 클릭합니다. [그림 넣기] 대화상자가 나타나면 '배경이미지.png'를 선택하고 [넣기] 버튼을 클릭합니다. [표/셀 속성] 대화상자에서 [설정] 버튼을 클릭합니다.

03 표 전체에 하나의 그림이 삽입되었습니다.

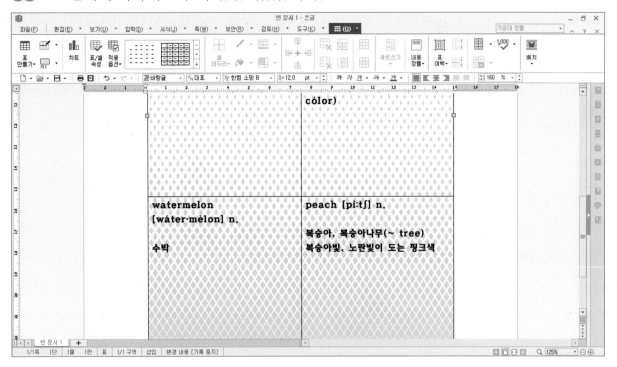

▶ 셀에 그림 삽입하기

01 셀마다 각각 다른 그림으로 채우기 위해 첫 번째 칸을 클릭하여 커서를 두고 [표(⊞ (Q) ▾)] 탭-[셀 배경 색(▧ ▾)]의 ▾를 클릭하여 [다른 채우기]를 선택합니다.

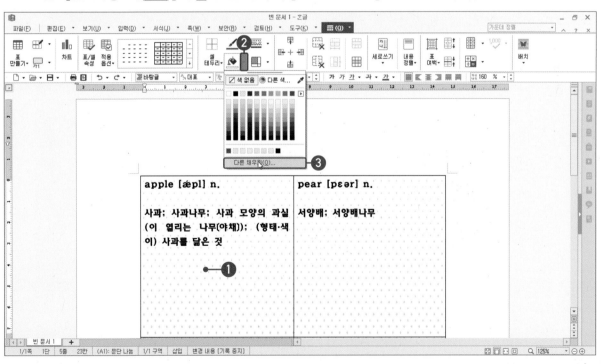

02 [셀 테두리/배경] 대화상자가 나타나면 [배경] 탭에서 '그림'을 체크하고 [그림 선택(🖼)] 을 클릭합니다. [그림 넣기] 대화상자가 나타나면 '사과.png'를 선택하고 [넣기] 버튼을 클릭합니다. [셀 테두리/배경] 대화상자의 [설정] 버튼을 클릭합니다.

03 첫 번째 셀에 사과 그림이 삽입되었습니다.

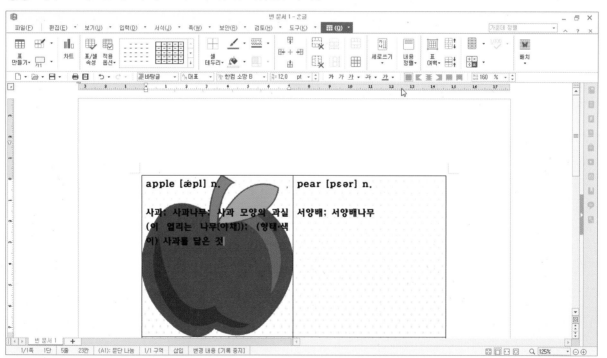

04 나머지 셀에도 각각 적절한 그림을 삽입합니다.

 잠깐

각 셀마다 같은 그림 적용하기

표를 선택하고 배경에 그림을 삽입하면 표 전체에 하나의 그림이 삽입되지만 모든 셀을 블록으로 지정한 후 [표(⊞(Q)▾)] 탭–[셀 배경 색(▨▾)]의 ▾를 클릭하여 [다른 채우기]를 선택해 그림을 삽입하면 같은 그림이 각 셀마다 삽입됩니다.

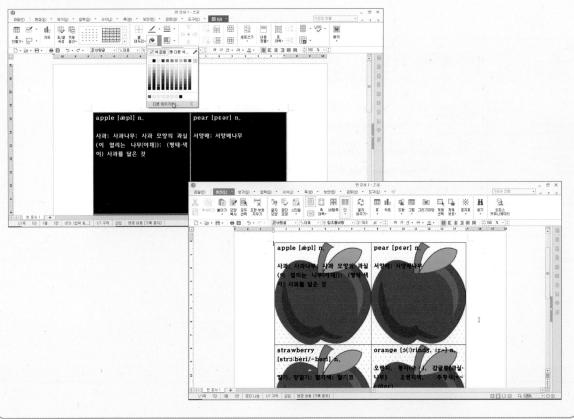

▶ 하이퍼링크 연결해서 단어 듣기

01 'apple' 다음을 클릭하여 커서를 두고 [검토] 탭–[사전 모음(사전모음)]에서 [한컴 사전]을 선택합니다.

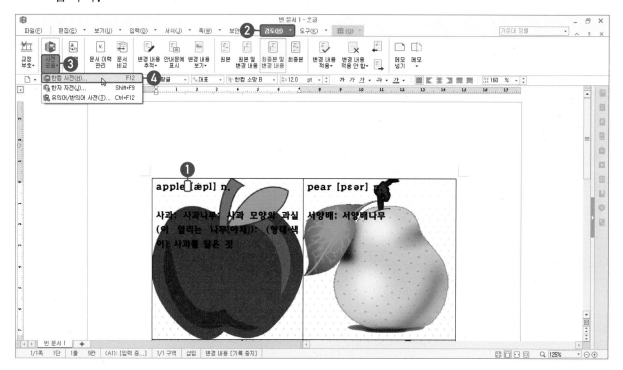

02 실시간 검색과 마찬가지로 검색되어 발음, 뜻 등을 확인할 수 있습니다. [인터넷 사전]을 클릭합니다.

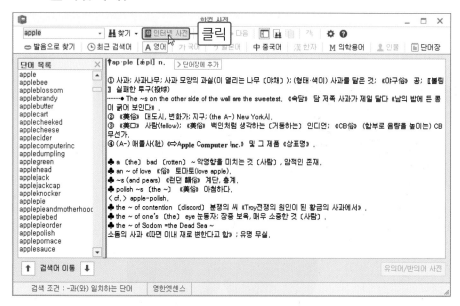

03 웹 브라우저가 실행되고 Daum 사이트의 '다음 어학사전'에 연결되어 해당 단어가 검색됩니다. 주소 표시줄의 URL을 드래그하여 블록으로 지정한 후 Ctrl + C 키를 눌러 복사합니다.

04 한글 문서로 돌아와 'apple'을 드래그하여 블록으로 지정한 후 [입력] 탭-[하이퍼링크(🌐)]를 클릭합니다.

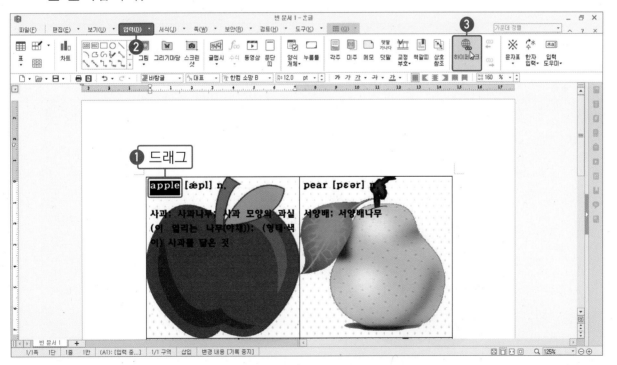

05 [하이퍼링크] 대화상자가 나타나면 [연결 종류]를 '웹 주소'로 선택한 후 [연결 대상]에
　　 Ctrl + V 키를 눌러 복사한 '인터넷 주소'를 붙여넣기하고 [넣기] 버튼을 클릭합니다.

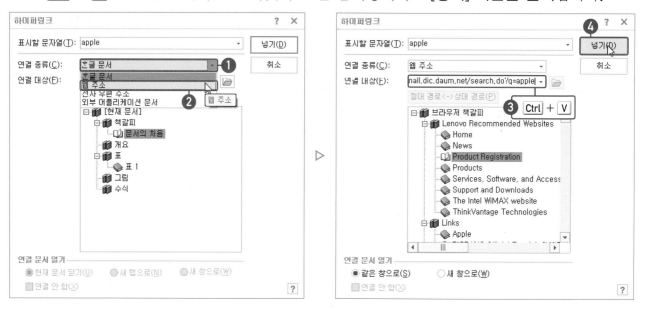

 하이퍼링크는 문서의 특정한 위치에 현재 문서나 다른 문서, 웹 페이지, 전자 우편 주소 등을 연결하여
쉽게 이동할 수 있게 해 줍니다.

06 하이퍼링크가 설정된 'apple'의 글자 색이 파란색으로 바뀌고 파란색 밑줄이 표시됩니다.
　　 'apple'로 마우스 포인터를 가져가 마우스 포인터의 모양이 🖑로 변경되면 클릭합니다.

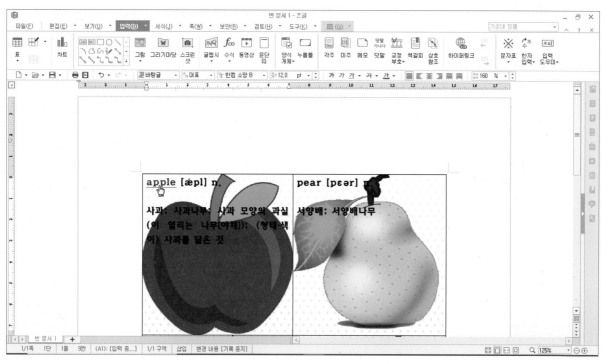

07 보안 위험 메시지가 나타나면 [설정 변경] 버튼을 클릭합니다.

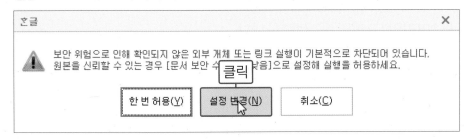

08 문서 보안 수준 설정 관련 메시지가 나타나면 '낮음'을 선택하고 [설정] 버튼을 클릭합니다.

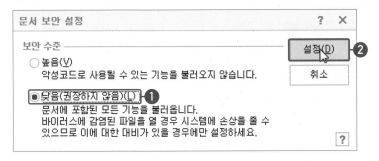

09 문서에서 바로 인터넷 사전으로 연결됩니다. 미국의 🔊 버튼을 클릭하여 미국식 발음을 들어봅니다.

10 같은 방법으로 'pear', 'strawberry', 'orange', 'watermelon', 'peach'에도 인터넷 사전과 연결된 하이퍼링크를 설정합니다.

▶ 머리말/꼬리말 입력하기

01 [쪽] 탭-[머리말(▤)]에서 [머리말/꼬리말]을 선택합니다.

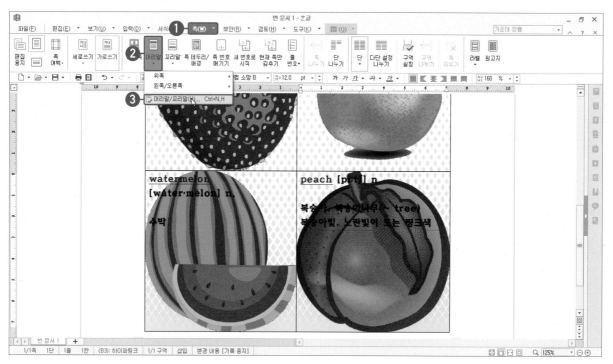

02 [머리말/꼬리말] 대화상자가 나타나면 [종류]는 '머리말', [위치]는 '양 쪽', [머리말/꼬리말
마당]은 '없음'으로 설정한 후 [만들기] 버튼을 클릭합니다.

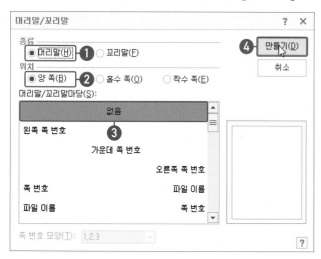

잠깐

머리말/꼬리말마당
[머리말/꼬리말마당]을 이용하면 '왼쪽에 쪽 번호', '가운데에 쪽 번호', '오른쪽에 쪽 번호', '파일 이름과
쪽 번호', '쪽 번호와 파일 이름', '머리말 영역을 음영', '선 넣기' 등 다양한 템플릿으로 '머리말/꼬리말'을
쉽게 만들 수 있습니다.

03 머리말 영역이 나타나면 서식 도구 상자에서 [글꼴]은 '맑은 고딕', [글자 크기]는 '9pt', [오른쪽 정렬(≡)]로 설정하고 '과일 영어'라고 입력합니다. 꼬리말을 입력하기 위해 [머리말/꼬리말] 탭-[꼬리말(≡)]에서 [머리말/꼬리말]을 선택합니다.

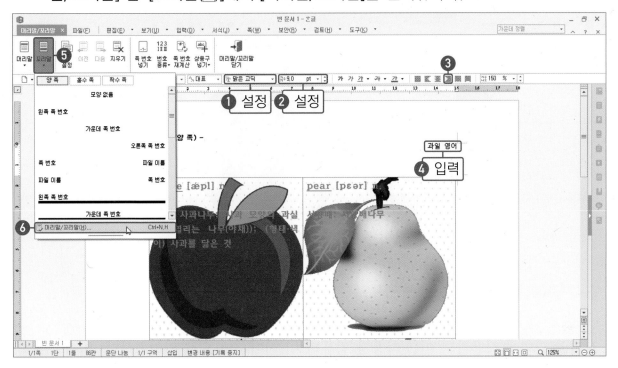

04 [머리말/꼬리말] 대화상자가 나타나면 [종류]는 '꼬리말', [위치]는 '양 쪽', [머리말/꼬리말 마당]은 '없음'으로 설정한 후 [만들기] 버튼을 클릭합니다.

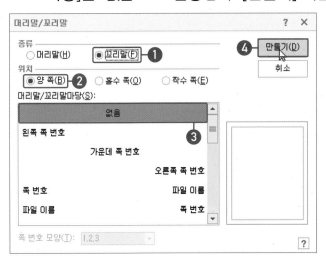

05 [머리말/꼬리말] 탭–[상용구 넣기(🔤)]–[지은이]를 클릭합니다.

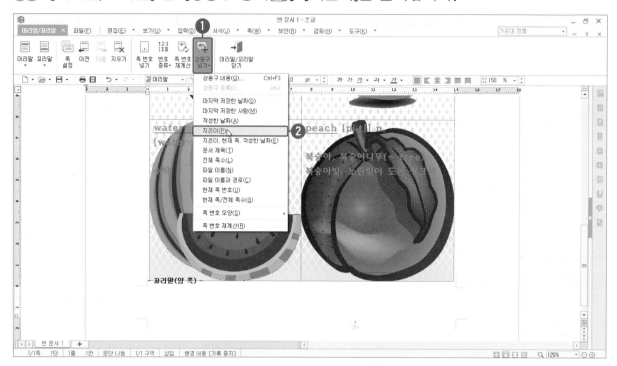

06 꼬리말 영역에 사용자의 이름(사용자 컴퓨터 이름)이 자동으로 입력됩니다. 머리말/꼬리말 설정을 종료하기 위해 [머리말/꼬리말] 탭–[머리말/꼬리말 닫기(🔲)]를 클릭합니다.

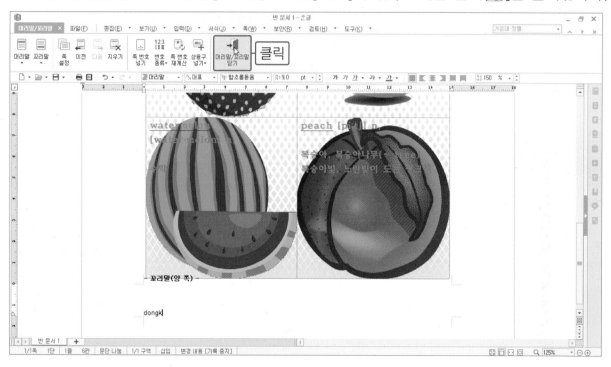

07 서식 도구 상자의 [저장하기(💾)]를 클릭해 지금까지의 작업을 '영어카드'라는 이름으로 저장합니다.

01 다음과 같이 글상자에 '결초보은'을 한자로 입력한 후 인터넷 사전과 연결하고 '결초보은.hwp'로 저장해 봅니다.

結草報恩
- 글꼴 : 함초롬바탕
- 글자 크기 : 48pt

글 상자
- 채우기 색 : 오피스 테마의 '파랑 90% 밝게'
- 선 종류 : 선 없음

02 표를 활용하여 다음과 같은 문서를 작성한 후 '문화유산.hwp'로 저장해 봅니다.

준비파일 표배경.jpg

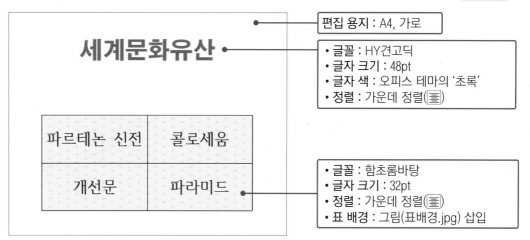

편집 용지 : A4, 가로

- 글꼴 : HY견고딕
- 글자 크기 : 48pt
- 글자 색 : 오피스 테마의 '초록'
- 정렬 : 가운데 정렬(≣)

- 글꼴 : 함초롬바탕
- 글자 크기 : 32pt
- 정렬 : 가운데 정렬(≣)
- 표 배경 : 그림(표배경.jpg) 삽입

03 문제 **02**에서 작업한 파일에 그리기마당을 활용하여 다음과 같은 문서를 작성한 후 저장해 봅니다.

- 유적지 설명 : [실시간 검색]을 활용하여 삽입, 글꼴 : 함초롬바탕, 글자 크기 : 13pt
- 유적지 그림 : [그리기마당]을 활용하여 삽입, 글자처럼 취급, 가운데 정렬(≣)

힌트

- [쪽] 탭-[쪽 나누기]를 클릭하여 새 페이지에서 작업을 진행합니다.
- 각 페이지의 유적지 그림은 [그리기마당] 대화상자의 [공유 클립아트] 탭-[문화유산] 꾸러미에서 찾을 수 있습니다.

04 문제 **03**에서 작업한 파일의 1페이지에 입력된 텍스트를 같은 문서 파일의 2~5페이지에 삽입된 유적지 그림에 연결(하이퍼링크)한 후 저장해 봅니다.

세계문화유산

파르테논 신전	콜로세움
개선문	파라미드

- 연결 대상이 작업 중인 문서 내에 있으면 [연결 종류]는 '한글 문서', [연결 대상]은 '현재 문서'로 설정하고 각각의 그림을 선택하고 [넣기] 버튼을 클릭합니다.

- 하이퍼링크가 잘못 설정된 경우에는 하이퍼링크를 설정한 대상을 마우스 오른쪽 버튼으로 클릭한 후 나타나는 바로 가기 메뉴에서 [하이퍼링크 고치기]를 선택하여 수정하거나 [하이퍼링크 지우기]를 선택하고 다시 재설정합니다.

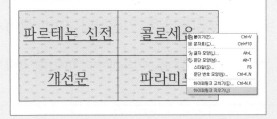

10 안내문 만들기

- 문단 첫 글자 장식
- PDF 파일로 저장

📁 준비파일 : 쪽배경.png
📁 완성파일 : 반상회안내문.hwp, 반상회안내문.pdf

미/리/보/기

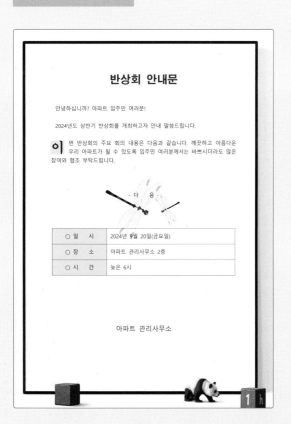

한글 NEO의 기능들을 활용하면 문서를 쉽고 멋지게 작성할 수 있지만 사용자 컴퓨터의 환경이 다르기에 한글 파일을 읽지 못하는 경우가 종종 있습니다. 이번 장에서는 이런 문제를 해결하기 위해 한글 문서 형태 그대로 유지할 수 있는 PDF 파일로 변환하는 방법에 대해 살펴보고, 지금까지 배운 한글 NEO의 기능을 이용하여 문서를 작성해 보겠습니다.

한글 문서를 PDF 파일로 저장하기

PDF는 문서 형태를 그대로 유지한 상태로 전자적으로 배포할 수 있으며 스마트폰에서도 읽어볼 수 있습니다. 한글 프로그램에서는 현재 편집 화면에 있는 문서를 운영체제나 애플리케이션과 관계없이 읽을 수 있도록 PDF 파일로 저장 가능합니다.

기능 실습 PDF 파일로 저장하기

문서마당에서 주간 식단표를 불러와서 작성한 후 PDF로 저장해 봅니다.

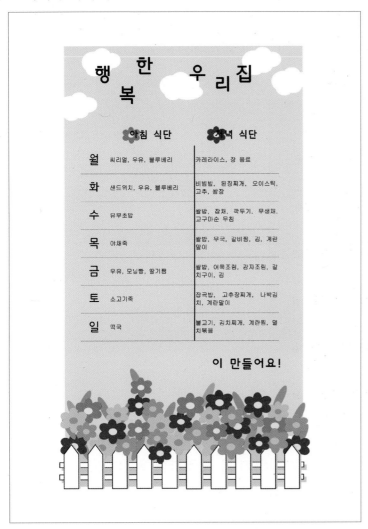

① 한글을 실행한 후 서식 도구 상자에서 [새 문서(□▾)]의 ▾를 클릭하고 [문서마당]을 선택합니다.

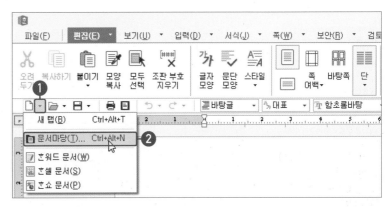

② [문서마당] 대화상자가 나타나 면 [문서마당 꾸러미] 탭을 클 릭하고 '가정 문서'를 선택한 후 '주간 식단표 2'를 선택하고 [열 기] 버튼을 클릭합니다.

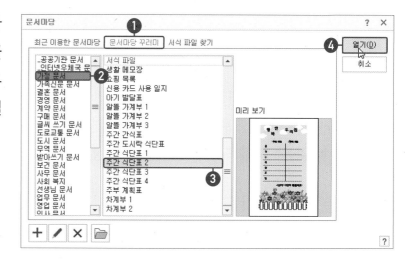

③ 주간 식단표에 다음과 같이 식단을 입력합니다.

	아침 식단	저녁 식단
월	씨리얼, 우유, 블루베리	카레라이스, 잣 음료
화	샌드위치, 우유, 블루베리	비빔밥, 된장찌개, 오이스틱, 고추, 쌈장
수	유부초밥	쌀밥, 잡채, 깍두기, 무생채, 고구마순 무침
목	야채죽	쌀밥, 무국, 갈비찜, 김, 계란 말이
금	우유, 모닝빵, 딸기쨈	쌀밥, 어묵조림, 감자조림, 갈 치구이, 김
토	소고기죽	잡곡밥, 고추장찌개, 나박김 치, 계란말이
일	떡국	불고기, 김치찌개, 계란찜, 멸 치볶음

④ PDF로 저장하기 위해 [파일] 메뉴에서 [PDF로 저장하기]를 클릭합니다. [PDF로 저장하기] 대화상자가 나타나면 위치를 설정하고 [파일 이름]에는 '식단표'라고 입력한 후 [저장] 버튼 을 클릭합니다.

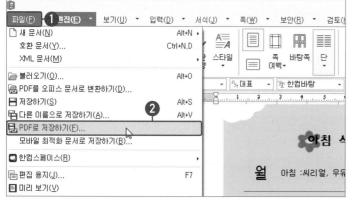

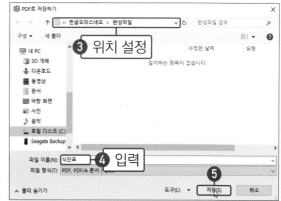

⑤ 파일을 저장한 폴더로 이동하여 PDF 파일을 더블 클릭합니다.

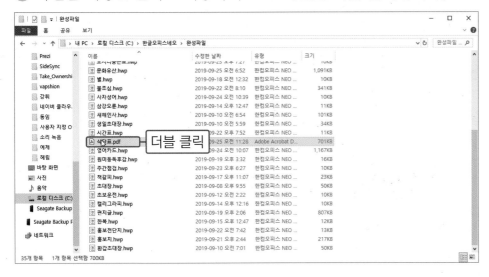

⑥ 한글에서 만든 PDF 파일이 열립니다.

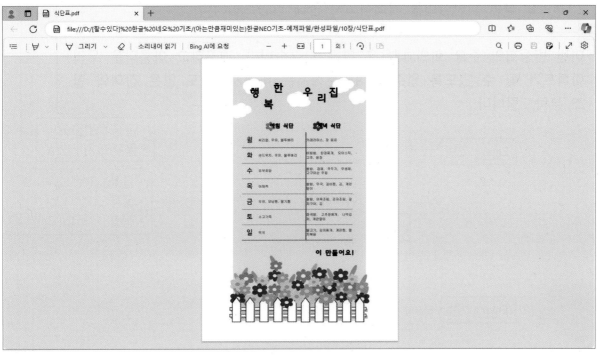

▲ Microsoft Edge

 사용자 컴퓨터 환경에 따라 pdf 파일을 실행할 수 있는 애플리케이션 설정이 다를 수 있습니다. 사용자의 컴퓨터에 따라 다른 애플리케이션에서 실행될 수도 있습니다.

▶ 글자와 문단 모양 꾸미기

01 빈 문서에 다음과 같이 입력합니다.

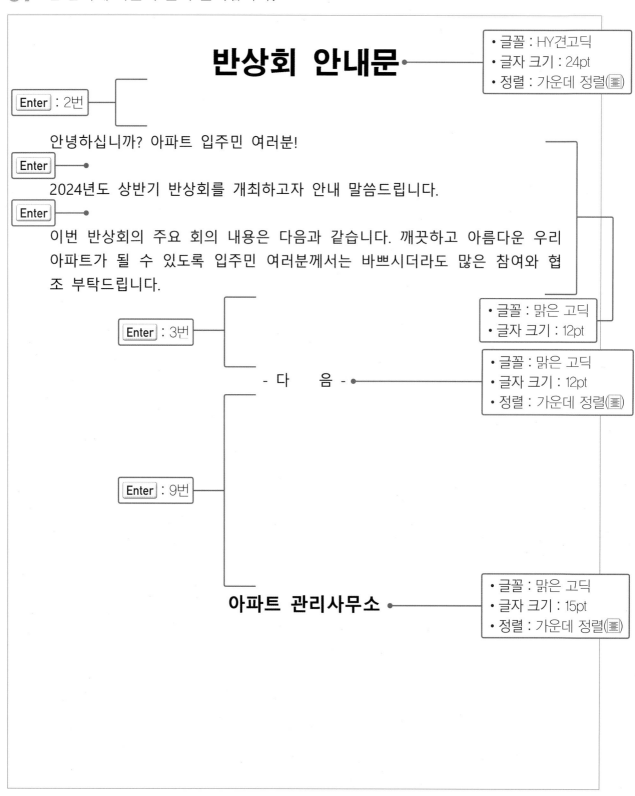

반상회 안내문
- 글꼴 : HY견고딕
- 글자 크기 : 24pt
- 정렬 : 가운데 정렬(▣)

Enter : 2번

안녕하십니까? 아파트 입주민 여러분!

Enter

2024년도 상반기 반상회를 개최하고자 안내 말씀드립니다.

Enter

이번 반상회의 주요 회의 내용은 다음과 같습니다. 깨끗하고 아름다운 우리 아파트가 될 수 있도록 입주민 여러분께서는 바쁘시더라도 많은 참여와 협조 부탁드립니다.

- 글꼴 : 맑은 고딕
- 글자 크기 : 12pt

Enter : 3번

- 다   음 -
- 글꼴 : 맑은 고딕
- 글자 크기 : 12pt
- 정렬 : 가운데 정렬(▣)

Enter : 9번

아파트 관리사무소
- 글꼴 : 맑은 고딕
- 글자 크기 : 15pt
- 정렬 : 가운데 정렬(▣)

02 다음처럼 4줄부터 10줄까지 드래그하여 블록으로 지정한 후 [편집] 탭-[문단 모양(▼)]을 클릭합니다.

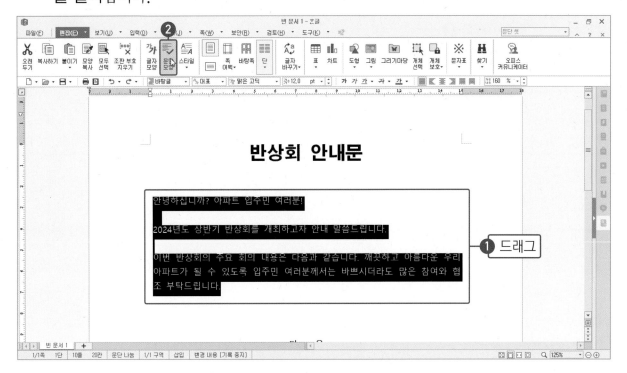

03 [문단 모양] 대화상자가 나타나면 [기본] 탭에서 '들여쓰기'를 선택한 후 '10pt'로 설정하고 [설정] 버튼을 클릭합니다.

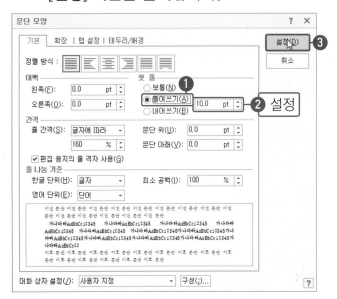

04 '이번' 앞을 클릭하여 커서를 두고 [서식] 탭의 ▾를 클릭한 후 [문단 첫 글자 장식]을 선택합니다.

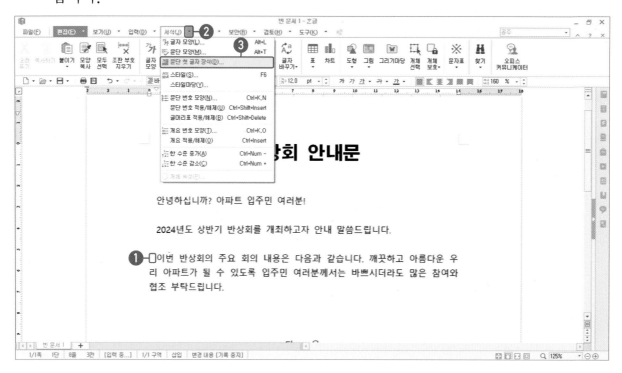

 문단 첫 글자 장식을 하려는 곳에 커서를 두고 기능을 실행해야 합니다. 블록이 지정되어 있으면 [문단 첫 글자 장식] 메뉴가 비활성화됩니다.

05 [문단 첫 글자 장식] 대화상자가 나타나면 [모양]은 '2줄', [글꼴]은 'HY견명조', [면 색]은 오피스 테마의 '노랑(RGB : 255,255,0)'으로 설정한 후 [설정] 버튼을 클릭합니다. 문단 첫 글자가 노란색으로 장식되어 나타납니다.

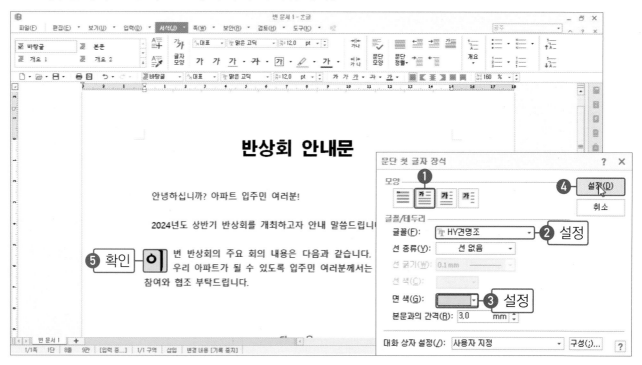

▶ 표 삽입과 표 꾸미기

01 18줄을 클릭하여 커서를 두고 [편집] 탭-[표(⊞)]를 클릭합니다.

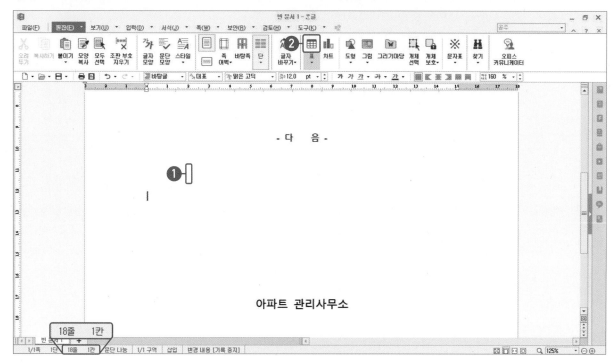

02 [표 만들기] 대화상자가 나타나면 [줄 수]는 '3', [칸 수]는 '2'로 설정하고 '글자처럼 취급'을 체크한 후 [만들기] 버튼을 클릭합니다.

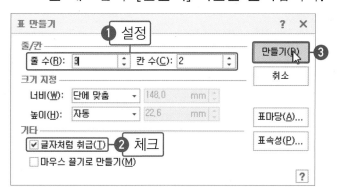

03 표가 삽입되면 표를 클릭한 후 서식 도구 상자에서 [글꼴]은 '맑은 고딕', [글자 크기]는 '12pt'로 설정합니다. 각 셀에 다음과 같이 입력합니다.

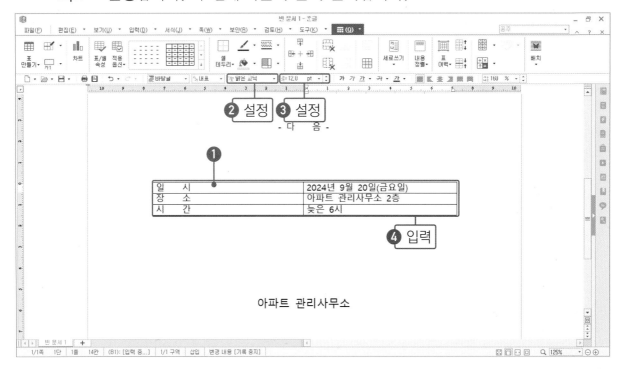

04 1칸을 드래그하여 블록 지정한 후 Shift + ← 키를 여러 번 눌러서 셀 크기만 줄여 줍니다. 서식 도구 상자에서 [가운데 정렬(≡)]을 클릭합니다.

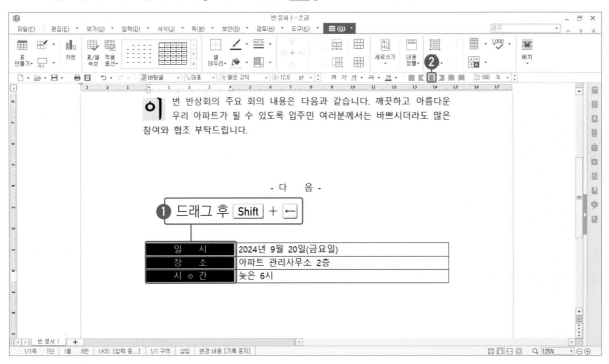

05 F5 키를 눌러 모든 셀을 블록으로 지정한 후 Ctrl + ↓ 키를 여러 번 눌러 다음처럼 표 크기와 셀 크기를 동시에 늘려 줍니다.

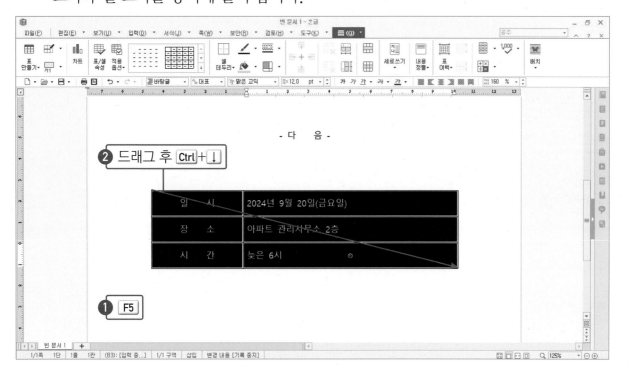

06 [표(☰ (Q) ▾)] 탭-[표 여백(▦)]에서 [표 여백 설정]을 선택합니다.

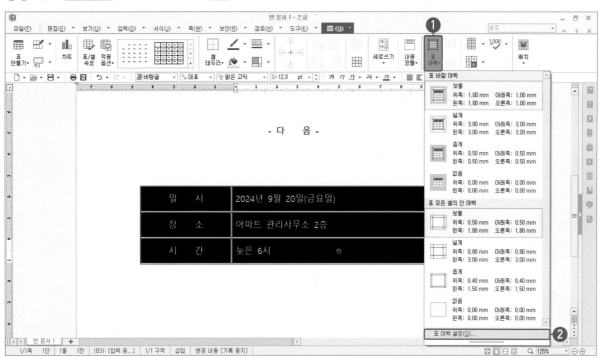

07 [표/셀 속성] 대화상자가 나타나면 [셀] 탭을 클릭하고 '안 여백 지정'을 체크합니다. [왼쪽]과 [오른쪽]은 '3mm', [위쪽]과 [아래쪽]은 '2mm'로 설정한 후 [설정] 버튼을 클릭합니다.

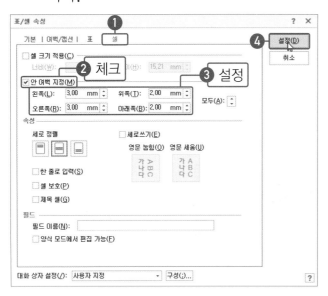

08 '일시' 앞을 클릭하여 커서를 두고 Ctrl + F10 키를 누릅니다.

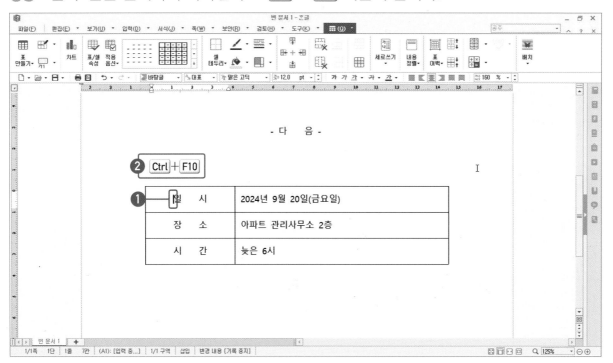

09 [문자표 입력] 대화상자가 나타나면 [혼 글(HNC) 문자표] 탭을 클릭한 후 [문자 영역]에서 '전각 기호(일반)'을 클릭합니다. [문자 선택]에서 'ㅇ'를 선택한 후 [넣기] 버튼을 클릭합니다.

10 같은 방법으로 '장소'와 '시간' 앞에도 'ㅇ' 기호를 입력합니다.

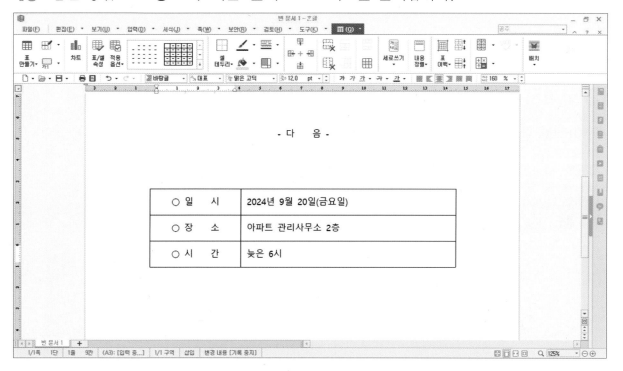

11 1칸을 드래그하여 블록으로 지정한 후 [표(⊞(Q) ▾)] 탭-[셀 배경 색(◆ ▾)]의 ▾를 클릭하여 오피스 테마의 '노랑(RGB : 255,255,0)'을 선택합니다.

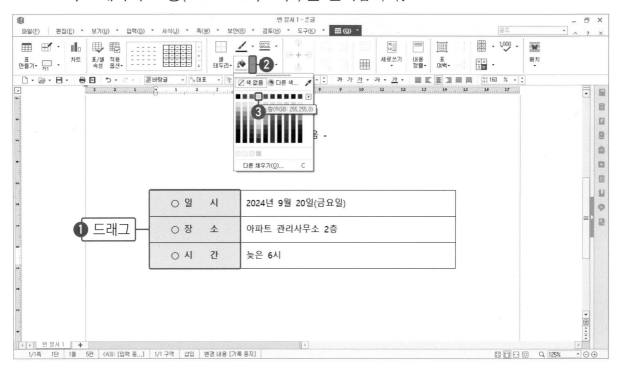

▶ 배경 꾸미기

01 표 아래를 클릭하여 커서를 이동한 후 [편집] 탭-[그리기마당(▥)]을 클릭합니다.

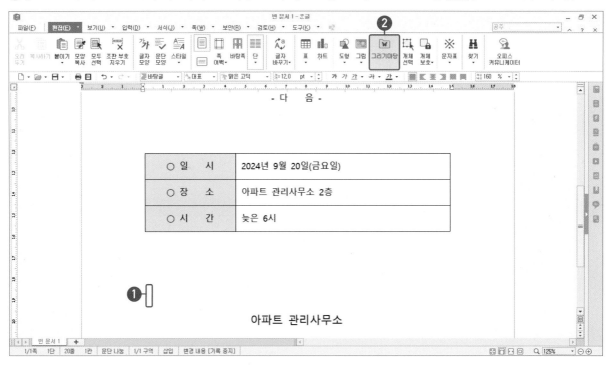

02 [그리기마당] 대화상자가 나타나면 [찾을 파일]에 '가을'을 입력하고 [찾기] 버튼을 클릭합니다. 가을과 관련된 이미지 중 **잠자리**를 선택하고 [넣기] 버튼을 클릭합니다.

03 잠자리를 알맞은 크기로 드래그하여 배치한 후 [도형( )] 탭–[글 뒤로( )]를 클릭합니다.

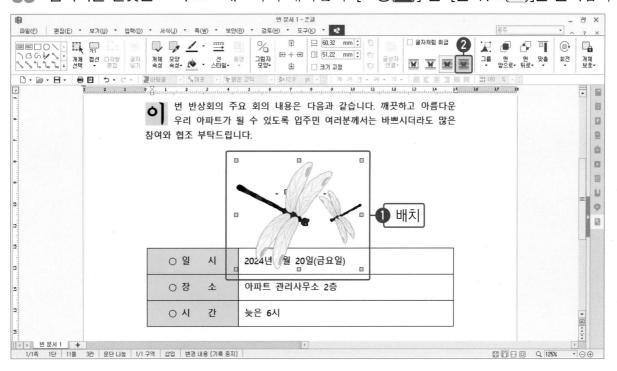

04 잠자리가 글 뒤로 이동합니다. 쪽 전체에 그림을 삽입하기 위해 [쪽] 탭–[쪽 테두리/배경] 을 클릭합니다.

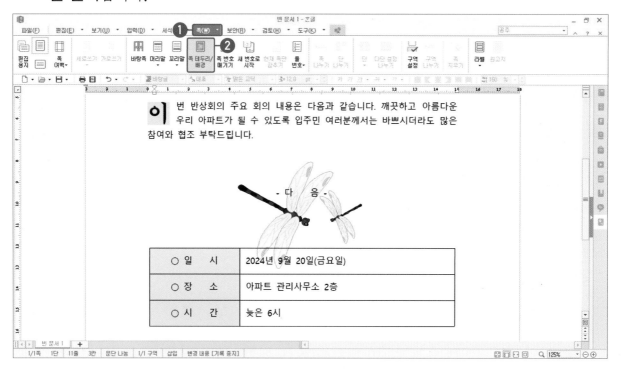

05 [쪽 테두리/배경] 대화상자가 나타나면 [배경] 탭을 클릭하고 '그림'을 체크한 후 [그림 선택(📁)]을 클릭합니다. [그림 넣기] 대화상자가 나타나면 '쪽배경.png'를 선택하고 [넣기] 버튼을 클릭합니다. [설정] 버튼을 클릭합니다.

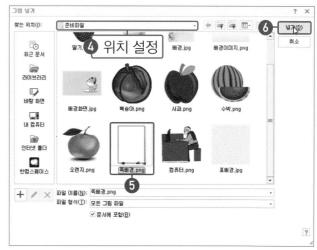

06 쪽 전체에 배경 그림이 삽입되었습니다. 서식 도구 상자의 [미리 보기(⬜)]를 클릭합니다.

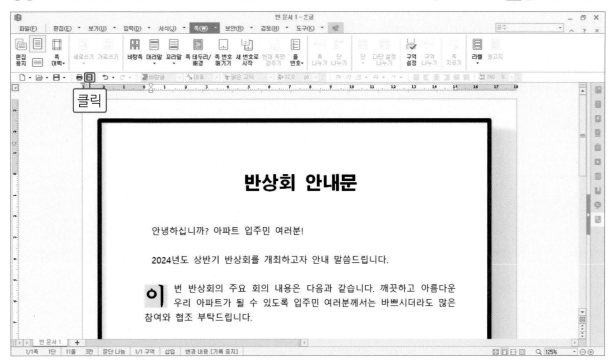

07 전체 문서의 구성을 확인한 후 [미리 보기] 탭-[닫기(➡)]를 클릭합니다.

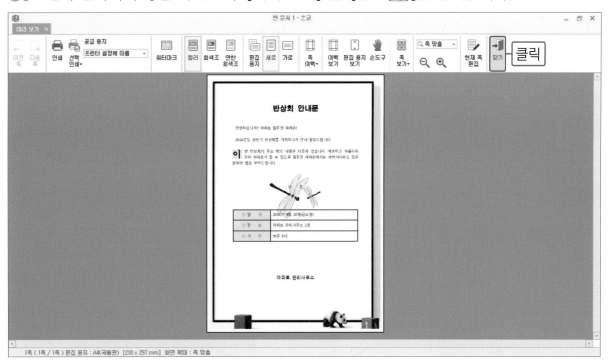

▶ PDF로 저장하기

01 PDF로 저장하기 위해 [파일] 메뉴에서 [PDF로 저장하기]를 클릭합니다. [PDF로 저장하기] 대화상자가 나타나면 **저장 경로를 설정**한 후 [파일 이름]에 '반상회안내문'이라고 입력하고 [저장] 버튼을 클릭합니다.

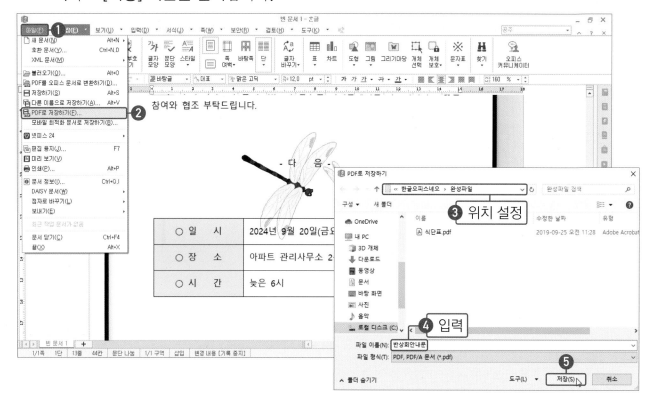

02 한글 파일이 PDF 파일로 저장되었습니다. 해당 파일을 더블 클릭하면 PDF 파일을 확인할 수 있습니다.

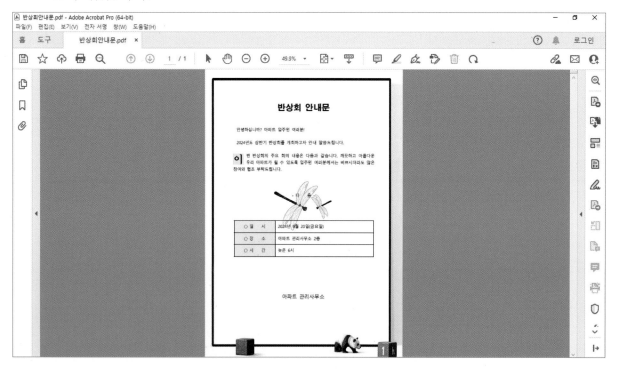

01 그리기마당과 쪽 테두리를 활용하여 다음과 같이 작성한 후 '동시.hwp' 파일로 저장해 봅니다.

- 편집 용지 종류 : 사용자 정의(폭 '182mm', 길이 '170mm'),
- 편집 용지 여백 : 왼쪽 '25mm', 오른쪽 '25mm', 위쪽 '15mm', 아래쪽 '15mm', 머리말 '15mm', 꼬리말 '15mm'
- 글꼴 : 궁서체
- 글자 크기 : 20pt, 11pt, 13pt
- 그리기마당 : 사계 16, 글 뒤로
- 쪽 테두리 : 종류 '일점쇄선', 굵기 '0.2mm', 색 '파랑(RGB : 0,0,255)', 위치 모두 '15mm'

발자국

작자미상

눈 위를 가면
발자국이 따라와요

내가 길을 잃을까봐
졸졸 따라와요

눈 위를 가면
발자국이 졸졸 따라와요

02 문제 **01**에서 만든 문서를 '동시.pdf' 파일로 저장해 봅니다.

03 '독후감.hwp' 파일을 열어 '원미동'에 해당하는 낱말을 모두 찾아서 서식만 변경하고 쪽 번호를 표시한 후 '독후감.pdf' 파일로 저장해 봅니다.

준비파일 독후감.hwp

'원미동' 서식
- 글자 모양 : '휴먼명조', 진하게, 가 (양각)
- 글자 색 : 오피스 테마의 '탁한 황갈(RGB : 131,77,0)'

꼬리말
- '가운데 쪽 번호'
- 쪽 번호 모양 : '①, ②, ③'

원미동 사람들 독후감

◉ 줄거리

서울 주변도시 부천시 원미동에 사는 소시민들의 다양한 삶의 모습을 11개의 단편으로 보여주고 있다. 만삭의 아내와 어린 딸 그리고 노모와 함께 서울의 전세방을 떠나 원미동에 연립 주택을 사면서 정착하게 되는 은혜네 가족이야기로부터 시작된다.

실직해 외판원이 되는 진만이네 아빠 이야기, 지주였으나 아들 때문에 땅을 팔 수밖에 없는 강 노인, '몽달씨'라는 별명을 지닌 착하고 순수한 시인과 동네 꼬마 아이의 우정과 아내와 어린 딸을 두고 원미산으로 갔다는 남자 이야기. 양심껏 일해 주고 돈을 받지 못해 고통 받으면서도 정직하게 세상을 사는 수리공 임씨, 동물원에서 동굴에 있는 방울새를 보고 교도소에 간 아빠를 생각하며 '아빠는 동굴에 사는구나.' 생각하며 슬퍼하는 아이. 찻집 여자와 바람이 난 행복사진관 엄씨. 경호네 김포 슈퍼와 김 반장네 형제 슈퍼가 경쟁을 하다가 새로 생긴 싱싱 청과물을 몰아내는 이야기. 연립주택 지하에 세를 들어 주인과 함께 화장실을 사용해야 하나 화장실 문을 열어주지 않아 고생하는 세입자 등 80년대 우리 이웃들의 사연을 담고 있다. 으로 한계령에서는 옛 친구가 작가가 된 나를 클럽에 초대하나 만나지 않고 숨어서 그녀의 노래 한계령을 듣는 이야기로 끝을 맺는다.

◉ 전체 감상

분명 80년대 이야기인데 지금도 바뀌지 않은 것이 많다. 최근 나온 영화 기생충에서도 반지하에 사는 가난한 가족에 대한 이야기가 나오는데 그들은 지상으로 나오기 위해 거짓으로 도배를 한다. 하지만 온몸에 배어있는 지하방의 냄새는 감출 수 없어서 결국 상류

①

층과의 관계에서 냄새가 선을 넘게 된다. 원미동 사람들의 이야기도 결국 공간에 관한 이야기이다. '지하생활자'에는 화장실조차 없는 지하에 세 들어 사는 세입자 이야기가 나온다. 그가 화장실을 가기 위해 동네를 돌아다니는 모습이 너무 짠했다. 그는 낮에는 공장에서 일하고 밤에는 단칸 지하방에서 생활한다. 원미동은 돈만 벌면 떠나고 싶은 어쩔 수 없이 사는 곳이다. 하지만 현재 그는 원미동의 주민이 사는 지상과 떨어진 채 지하에서 생활하는 공간적으로 그들과 관계를 맺을 수 없는 위치에 있다. 그가 다니는 공장의 계단 또한 가파르고 금방이라도 떨어질 것처럼 위태하나 2층으로 오르는 계단은 넓고 안전하다 그는 2층으로 오르는 계단처럼 넓고 안전한 곳으로 오르고 싶어 한다. 기생충에서처럼 자신을 거짓으로 휘감고 아무런 준비 없이 지상의 사람들과 공간을 공유하던가 아니면 성실하게 준비해서 안전하고 넓은 계단으로 스스로 올라야 할지 선택해야 할 것이다. 서울의 치열한 경쟁 속에서 떠밀려 원미동으로 온 은혜네 가족도 지금 사는 공간을 만족하지는 못한다. 그래서 더욱 열심히 노력하는지도 모르겠다. 나 역시도 선택해야 할 것이다. 지금 현재 나의 위치가 1층인지 지하인지는 모르겠지만 갖은 편법을 동원해서 2, 3층을 오를 것인지 아니면 성실하게 한 계단씩 밟아서 오를 것인지. 아마 인생을 살다보면 김반장 같은 사람을 만나 이용당할 수도 있고 일용할 양식처럼 무한경쟁 시대에 도태될 수도 있겠지만 나는 현재의 나를 다독이며 성실하게 한 발 한 발 내딛으려 한다.

②

할 수 있다!

한글 NEO 기초

초 판 발 행	2023년 12월 01일
발 행 인	박영일
책 임 편 집	이해욱
저 자	정동임
편 집 진 행	윤은숙
표 지 디 자 인	김도연
편 집 디 자 인	김세연
발 행 처	시대인
공 급 처	(주)시대고시기획
출 판 등 록	제 10-1521호
주 소	서울시 마포구 큰우물로 75 [도화동 538 성지 B/D] 6F
전 화	1600-3600
홈 페 이 지	www.sdedu.co.kr

I S B N	979-11-383-4690-0(13000)
정 가	12,000원

시대인은 종합교육그룹 (주)시대고시기획 · 시대교육의 단행본 브랜드입니다.